Agência de propaganda e as engrenagens da história

Dados Internacionais de Catalogação na Publicação (CIP)
(Câmara Brasileira do Livro, SP, Brasil)

Barreto, Roberto Menna
    Agência de propaganda e as engrenagens da história / Roberto
Menna Barreto. – São Paulo : Summus, 2006.

    Bibliografia.
    ISBN 85-323-0282-3

    1. Agências de publicidade 2. Arte 3. Criatividade 4. Comunicação
5. Cultura 6. Propaganda – História I. Título

06-0315   CDD-659.10981

Índice para catálogo sistemático:

1. Brasil : Propaganda : História   659.10981

Compre em lugar de fotocopiar.
Cada real que você dá por um livro recompensa seus autores
e os convida a produzir mais sobre o tema;
incentiva seus editores a encomendar, traduzir e publicar
outras obras sobre o assunto;
e paga aos livreiros por estocar e levar até você livros
para a sua informação e o seu entretenimento.
Cada real que você dá pela fotocópia não autorizada de um livro
financia o crime
e ajuda a matar a produção intelectual de seu país.

ROBERTO MENNA BARRETO

Agência de propaganda e as engrenagens da história

summus
editorial

AGÊNCIA DE PROPAGANDA E AS ENGRENAGENS DA HISTÓRIA
Copyright © 2006 by Roberto Menna Barreto
Direitos desta edição reservados por Summus Editorial

Editora executiva: **Soraia Bini Cury**
Assistente de produção: **Claudia Agnelli**
Capa: **Alberto Mateus**
Projeto gráfico e diagramação: **Crayon Editorial**
Fotolitos: **Casa de Tipos**
Impressão: **Sumago Gráfica Editorial Ltda.**

Summus Editorial
Departamento editorial:
Rua Itapicuru, 613 – 7º andar
05006-000 – São Paulo – SP
Fone: (11) 3872-3322
Fax: (11) 3872-7476
http://www.gruposummus.com.br
e-mail: @gruposummus.com.br

Atendimento ao consumidor:
Summus Editorial
Fone: (11) 3865-9890

Vendas por atacado:
Fone: (11) 3873-8638
Fax: (11) 3873-7085
e-mail: vendas@summus.com.br

Impresso no Brasil

Senhoras e senhores (*música de fundo dolby, qua-drifônica, levemente fora de moda*), conosco, hoje, a empresa mais insólita, multifacetada, instável e radioativa jamais criada pelo capitalismo!

Organização alguma se compara a ela, seja por sua constituição intrínseca, seja pelo metabolismo de sua divisão de trabalho, seja principalmente pelos resultados *periféricos*, não só econômicos mas também históricos, culturais e psicossociais de sua produção. Embora poucos, envolvidos com ela, estejam conscientes disso.

Trata-se de endereço – normalmente valorizado, nos melhores locais do planeta, por entrada luxuosa, com móveis moderníssimos e recepcionistas-modelo, ou modelos como recepcionistas –, marcado por criteriosas subdivisões, onde se processa a fusão, nervosa e premente, do artefato industrial (produzido em série, padronizado), ou do serviço mais ou menos trivial, com o talento imaginativo do "pessoal de criação". O objetivo é a mais ampla aceitação pública da síntese alcançada.

Essa síntese é um pequeno milagre conceitual. Do acúmulo esmagador de estoques de automóveis, bebidas, eletrodomésticos, brinquedos, desodorantes, pilhas, laticínios, geladeiras, celulares, tênis, latarias, quinquilharias – fabricados em indústrias monótonas, muitas vezes nada aprazíveis –, surge o "herói de sucesso", a "deusa diáfana", as diabruras de personagens infantis, o relance erótico, o absurdo deslumbrante e sedutor, o romance que vai mudar *sua* vida!

Todo esse milagre, essa mágica, é obra de artistas, quer dizer, gente originariamente nascida para alta realização nas artes plásticas ou na literatura, mas que preferiu (sem que se desmereçam casos de vocação específica) ganhar dinheiro. Bem, não são mais artistas, pensando no que se entende por arte. Contudo, independentemente de juízos de valor, eles participam inegavelmente do núcleo de nossa civilização, da pretensão feérica de nossos tempos, que esconde, em efeitos eletrônicos fascinantes, a "decadência contemporânea" (no sentido de que nos fala Michael Harrington, estudioso da realidade sociocultural[1]).

Eles se inscrevem mais em nossa época do que se estivessem a compor poemas ou sonatas, pintando quadros, modelando estátuas (a tiragem média de um livro no Brasil, por exemplo, é de três mil exemplares, e às vezes demora anos para se esgotar, quando se esgota; já um *outdoor* atinge, em quinze dias de exibição, 17 *milhões* de pessoas apenas na Grande São Paulo). Sua criatividade dá vida a uma cosmovisão muito mais ampla e conseqüente do que a maioria de seus autores imagina.

Interessante essa "ausência de autoconsciência" numa profissão tão poderosa como a propaganda. Não conheço outra que *pense* tão pouco, em extensão e profundidade, sobre si mesma.

A razão me parece estar na própria divisão de trabalho – inédita e dramática – de uma agência de propaganda, esquematicamente polarizada entre seus elementos criadores (redatores, diretores de arte, *layoutmen*, enfim, os que, na expressão de David Ogilvy, constituem "a galinha dos ovos de ouro"[2]) e seus elementos institucionais (donos da empresa, contatos, solicitadores). Acrescentem-se, é claro, elementos de sustentação: mídia, produtores, pesquisadores, controladores, secretárias, mordomos etc.

Os primeiros, os criadores, quando de fato fecundos e brilhantes, quase invariavelmente *desprezam* intimamente a profissão. Não vou dar exemplos conhecidos (poderia dar uma infinidade), mas permita-me notar que o fotógrafo italiano Oliviero Toscani, autor da abertura mais surpreendente e original da propaganda mundial nas últimas décadas, com resultados altamente compensadores para seu cliente, a Benetton, vem de escrever livro cujo título diz muito sobre sua opinião: A *publicidade é um cadáver que nos sorri*[3].

De modo geral (e estou aqui me policiando ao máximo contra a generalização), os verdadeiros talentos criadores em propaganda, mormente quando assalariados, a exercem "em legítima defesa", com vista a metas pessoais de segurança e lazer, extravasando aqui e ali indisfarçável dose de constrangimento – reconhecível na convivência com eles, e muito bem notada por Louis Quesnel: "[o publicitário] não realiza seu *métier* sem certo mal-estar, e podem ser encontrados, nas publicações corporativas, todos os sinais de um complexo de culpabilidade"[4]. Tais talentos, fora do expediente, tendem a espairecer e "pensar em algo mais importante".

Fica então a palavra para os institucionais: ainda que inteligentes, operativamente capazes, alguns com notável senso de liderança (aliás, imprescindível numa agência realmente criativa), estão, genericamente falando, a anos-luz de qualquer padrão de intelectualidade. Creio mesmo que sejam sinceros (mas não estou seguro) quando, como porta-vozes públicos da profissão, divulgam (e limitam) a definição da propaganda a platitudes do tipo: "fator para a saúde da economia", "mola do progresso", "orgulho nacional", ou "esforço de esclarecimento que ajuda você a viver melhor".

AGÊNCIA DE PROPAGANDA E AS ENGRENAGENS DA HISTÓRIA

Assim, convivem, na mesma tumultuada área de trabalho, a ocorrência de abordagens e lampejos realmente criativos, alguns memoráveis, que enriquecerão os anuários de artes gráficas do mundo, a exibição de comerciais premiados nos festivais publicitários, a coletânea de textos (*copies*) irresistíveis, que até sugerem inédito estilo literário – tudo a se amalgamar na pirotécnica consumista de nossos tempos –, mas também, eventualmente, a empáfia insossa e acaciana, a verborragia entulhada de termos americanos, a dissertação pretensiosa que, em certos casos, beira a imbecilidade. Sem dúvida, muito mais que em qualquer outra empresa (mesmo outras de comunicação, como um jornal ou revista), numa agência de propaganda há espaço para tudo isso. É uma entidade única.

Isso talvez seja surpreendente para quem não pertença ao *métier*. Realmente, o mesmo núcleo responsável por lances de efeitos indiscutíveis sobre imensas parcelas da sociedade possui, genericamente falando e com indubitáveis exceções, um nível intelectual miseravelmente baixo. Não tem nada, absolutamente nada, que o assemelhe a um núcleo de compreensão e inteligência, privado ou universitário. Genericamente falando: ali não se pensa, não se questiona, não se filosofa, não se cogita sequer as conseqüências, em profundidade e extensão, da comunicação pública que produz (exceto seus aspectos mais imediatistas de vendas, caso a caso). Contudo, aqueles que, na agência, realmente *criam* essa comunicação, principalmente quando atingem reconhecido sucesso profissional, sofrem da tal "culpabilidade". Não a criam, pois, psicologicamente em vão.

Quanto a intelectuais fora do *métier* que se fascinam pela propaganda, bem, eles estão fora do *métier*. O leitor não imagina, nesse caso, o que significa estar fora do *métier*. Umberto Eco, com todo seu talento, parece-me que caiu nessa, em seu livro *Apocalípticos e integrados*, quando definiu, de um lado, os que denunciam a indústria cultural "como sinal de uma queda irrecuperável", e, de outro, os "otimistas", aqueles "que raramente teorizam e, assim, mais facilmente, operam, produzem e emitem suas mensagens cotidianamente a todos os níveis[5].

Não me ocorrem, como já disse uma vez, passando em revista *criadores* que conheço de anúncios (e não comerciantes do negócio da propaganda), "otimistas" que caibam na definição de Eco de "integrados". Então, podemos reconhecer que tal definição – indivíduos criativos e práticos, que desenvolvem alegremente os novos produtos culturais, alheios às rabugentas frustrações de velhos e superados "apocalípticos" – é fantasia de gente totalmente por fora (nos dois sentidos) da realidade humana que palpita dentro do sistema. Muitos defensores dos "integrados" são professores teóricos, incapazes de criar a cultura de massa que tanto festejam (como alguns já tentaram e fracassaram). Eco demonstra de fato sua competência é quando fala da Idade Média.

(Uma pesquisadora brasileira, muito profissional e dedicada, partiu em 1979 para uma longa série de entrevistas com gente de propaganda, consolidadas em tese sobre "a ideologia do publicitário". Lembro-me de Raimundo Araújo, da J. Walter Thompson, comentando o fato comigo: "O pessoal mentiu adoidado para ela".)

Pelo menos isso, talvez, não seja estranho a tantos jovens egressos de cursos de comunicação, que procuram emprego em agência de propaganda: trata-se de comunidade fechada, refratária, muito presa a seus códigos próprios, mesmo os que regem seus conflitos internos. Enfim, como eu dizia, uma entidade única.

Única. Inclusive como "agência", a agência de propaganda difere de qualquer outra – sejam agências financeiras, de seguros, bancárias, de viagem, funerárias – , pois ela não apenas intermedeia, não apenas agencia como outras agências, mas, sobretudo, como estou lembrando, *cria*. E *criação* é sempre o ponto mais crucial da existência de cada uma, de sua qualidade profissional, de sua capacidade competitiva.

Esse glamouroso diferencial deverá ter, certamente, componentes de excepcional relevância para nosso modelo de civilização, o que justificaria o fato de merecer, essa agência única, comissões recordes no sistema: em torno de 15% (durante muitos anos, 20%), contra no máximo 7% das agências de turismo e 0,5% das agências financeiras. Acrescente-se a dádiva dos "descontos especiais de veiculação", bem como a faculdade de faturar à parte a produção de suas idéias – e temos o mais generoso mecenato institucional para a criatividade de qualquer espécie na História!

É importante não perder de vista que um dos principais interesses de uma firma que anuncia é não só manter ou aumentar sua posição no mercado diante dos concorrentes que também anunciam, como fazer crescer as despesas com vista à tributação sobre seus lucros anuais. A criatividade publicitária, em termos estritos e imediatos, entra aqui como diferencial mercadológico, incentivada por grande conveniência fiscal.

E tudo para criar o quê? Voltemos à moldura ampla de sua atuação: mais que um argumento inédito, uma foto sugestiva, uma cena original que beneficie a venda de um produto, um serviço ou uma idéia (de seus clientes), as agências de propaganda, como um todo, criam e controlam *uma cultura*: a cultura do presente estágio terciário do capitalismo, a cultura de massa fascinada pelo consumo, com inumeráveis desdobramentos sociais e psicológicos, muito além de apelos isolados e pontuais como "Beba Coca-Cola".

Claro, inúmeras outras organizações no capitalismo também criam – e também alimentam a cultura de massa, principalmente órgãos de imprensa e TV, estúdios de cinema, centros de eventos e espetáculos, mas também grupos experimentais de arte, companhias de teatro, escolas de samba etc.

Contudo, nenhuma delas conta com o montante de recursos financeiros de que a propaganda comercial dispõe como um todo: cerca de 1% do PIB de qualquer nação de economia avançada. Já foi calculado que inserções de comerciais em rede intercontinental, com 90 *segundos* de duração, custam praticamente o mesmo que, em média, um filme de longa metragem europeu[6].

Tentemos, em outubro de 2005, humanizar, ainda que rudimentarmente, tais grandezas em nossa realidade: a inserção de um único comercial de 1 minuto (que, isolado assim, seria o mesmo que nada no que se refere a resultados) custa, por exemplo, no Jornal Nacional da Rede Globo (pela tabela, cobertura nacional), R$ 583.940. Acrescentem-se os custos de produção do filme, que arbitro, para tal programação, em R$ 600.000. Isso soma, arredondados, R$ 1.184.000 – importância que, pela média mensal do CDI este ano, até setembro (1,74 %) renderia, mensalmente, R$ 20.601,60 – ou seja, renda mensal, para o resto da vida, mais de 68 vezes superior ao salário mínimo vigente no país: R$ 300! Tal é o padrão financeiro das gracinhas com que nos brindam diariamente os comerciais de TV.

Além disso, uma criação, por exemplo, da indústria cinematográfica, pode ser – como qualquer obra artística – eventualmente prematura, pode ter seus efeitos sociais retardados ou muito minimizados sem perda substancial de seu valor intrínseco. Isso é inadmissível em propaganda; fugiria até à definição do que seja propaganda: nessa área, a resposta terá de ser, necessariamente, de curtíssimo prazo, de preferência *imediata*: "Já!", "Agora!", "Hoje mesmo!", "O que é que você está esperando?"

Quero dizer: ao contrário de uma experiência meramente estética de comunicação, que pudesse ser apreciada somente muito tempo depois de seu aparecimento (caso corriqueiro em artes e literatura), ninguém reconheceria como propaganda mensagem que somente funcionasse *anos* após sua veiculação.

Essa necessidade intrínseca, por definição, de aceitação *imediata* da propaganda por seu público (aceitação medida em geral por vendas, por retorno rápido do investimento) permite entender como ela funciona totalmente imbricada com esse seu público, como expressa sua realidade psicológica, sua concepção do mundo (que ela ajudou a criar e agora se adapta a suas transformações, em *feedbacks* contínuos e múltiplos), e como reflete, no aqui-e-agora, suas idiossincrasias, preferências ocultas, seus temores e suas ilusões.

Acrescente-se, como corolário desse imediatismo severo, sua impossibilidade de abrigar, por definição, qualquer valor premonitório ou transcendental, o que é mais uma evidência de que propaganda nada tem que ver com arte.

A partir desse patamar, estamos em condições de desdobrar pelo menos três promissoras perspectivas.

A primeira permite descortinar, para a propaganda comercial, importância muito superior à que lhe dão, rotineiramente, as simplórias formulações públicas de alguns donos de agência (a encobrir, em geral, autocongratulações, bem como apologias ao sistema de mercado).

Isso porque a propaganda não é – como muitos julgam, mormente dentro das agências – simplesmente força que "move montanhas" (de massas), mas, pelo imediatismo que sua eficiência exige, *a própria montanha*! Ela constitui retrato muito mais fiel e acabado do psiquismo das massas do que qualquer pesquisa de opinião feita com essas mesmas massas.

"O homem", dizia o poeta Heinrich Heine, "quando fala sobre si mesmo, sempre mente" – aforismo que, em minha opinião, deveria nortear pelo menos certas pesquisas de opinião. Pergunte a um conjunto expressivo de pessoas se elas gostam de música clássica, extrapole o resultado para a totalidade da população e chegará à conclusão de que a audiência da Rádio Ministério da Educação é muito superior à do *Big Brother Brasil*. Enquetes com leitores de órgãos de imprensa nos Estados Unidos jamais apresentam qualquer menção a revistas de escândalos e fofocas – donde ser impossível explicar, por esse método, a tiragem francamente majoritária dessas publicações...

Já assuntos como relações familiares, relações entre sexos, modelos de comportamento, modelos de educação, modelos de sucesso, são *documentados* (mais que induzidos) pela propaganda, e de forma altamente confiável, em se tratando do psiquismo de grandes contingentes humanos, principalmente da classe média.

Essa documentação, evidentemente, não é documentação da realidade em si mesma, mas sim de projeções coletivas, de representações *idealizadas* – e, como tal, absolutamente fidedigna no que se refere à psicologia de massas. Marshall McLuhan, sociólogo canadense, o "oráculo de Toronto", celebrado na década de 1960 como o maior apologista da utopia publicitária, e o que mais fez para dar estofo intelectual à comunicação de massa e sua globalização – hoje praticamente olvidado –, teve, em alguns momentos, colocações inesquecíveis: "O texto de um anúncio ilustrado não deve ser tido por um pronunciamento literário e sim como uma mímica da psicopatologia da vida diária".[7]

O homem de criação, numa agência, como bem sabem os envolvidos no *métier*, não cria abstratamente, por inspiração própria (como um pintor ou um escultor), mas sim orientado por sua sensibilidade intuitiva quanto ao psiquismo dos grupos a que se dirige. Sua "audácia", sua "originalidade" nada mais são que catalisadores de elementos já plenamente presentes na constelação de valores de tais grupos. As enormes verbas envolvidas numa campanha não poderiam correr riscos de falta de sintonia com seus destinatários. O sucesso que seu autor venha a conseguir é produto menos de sua criatividade que de sua intuição passiva, perceptiva.

O leitor, penso eu, também pode usar essa mesma intuição perceptiva... do outro lado da linha. Experimente gravar em vídeo, se tiver saco, dez a 20 blocos de comerciais, em meses diferentes, de um programa da maior audiência possível – digamos, o *Fantástico*, da Globo – e assista-os depois, em exibição contínua, mas *sem som*, no "mudo": eis aí, de modo geral, como um caleidoscópio, a psique de massa do Brasil!

Depois, faça o mesmo na Alemanha: eis aí a psique de massa da Alemanha. Depois, nos Estados Unidos, no Japão etc. Claro, haverá muita coisa em comum – afinal, vivemos todos no McMundo –, mas que diferença!

Claro também que, com essa experiência, o leitor não assistirá, como já disse, a um documentário sobre fatos, mas terá a chance de captar, intuitivamente, elementos subjetivos e idealizados desses diferentes universos culturais – elementos que o ajudarão a entender, muito rapidamente, o psiquismo das massas que os compõem. (Razão pela qual comercial realmente de sucesso criado em um país dificilmente repica o mesmo sucesso – mesmo vendendo um produto globalizado – quando veiculado em outro.)

Acho que profissionais da área de criação teriam muito mais a dar à comunidade em que vivem. Não só por sua intuição criativa, mas, principalmente, pelos conhecimentos empíricos que acumulam, através dos anos, sobre a psicologia das extensas camadas da sociedade com que tão significativamente interagem. Um dos obstáculos, ainda que não o maior, é o notório preconceito dos intelectuais. Eles desconfiam *demais* de publicitários...

Um deles, pelo menos, soube reconhecer essa evidência, a de que a propaganda comercial dispõe de mais recursos e muito mais resultados comprovados que todos os autores acadêmicos e departamentos universitários de pesquisa reunidos. Consola saber que se trata de Bertrand Russell, e justamente em um de seus mais sérios livros, *A perspectiva científica*:

Nestes campos [questões sociais], talvez o mais importante conjunto de experiência seja o que devemos aos publicitários. Todavia, esse material, apesar do seu valor, não tem sido utilizado pelos psicólogos experimentais, porque ele pertence a um setor muito distante das universidades; os psicólogos sentir-se-iam diminuídos se entrassem em contato com algo tão vulgar. Mas qualquer pessoa que deseje estudar a psicologia da persuasão não poderia fazer nada melhor do que consultar as grandes firmas de publicidade. Nenhum teste de persuasão é tão rigoroso como o pecuniário. [...] Estou certo de que nenhum propagandista experimentado seria capaz de afirmar que a qualidade dos respectivos sabões [que anuncia] tenha qualquer coisa a ver com o resultado obtido pelo anúncio [Russell está certo]. Grandes somas de dinheiro são pagas ao homem que inventa anúncios e isso acontece porque a capacidade de fazer com que um grande número de pessoas aceite o que você afirma ser verdade é certamente uma capacidade bastante valiosa [...]. Considerados cientificamente, os anúncios apresentam outro grande mérito, a saber: o de os seus efeitos serem efeitos de massa, não individuais; nessas condições, os dados colhidos pertencem ao campo da psicologia das massas. Sendo assim, o valor do estudo da propaganda é incalculável para a compreensão da sociedade.[8]

A segunda perspectiva refere-se à tal "culpabilidade" do homem de criação numa agência.

Trata-se simplesmente, a meu ver, do reverso da mesma moralidade (enganosa) dos que acusam a propaganda de condicionar unilateralmente as massas, ou melhor, de "mover montanhas". É a mesma ilusão que inspira denúncias e críticas acerbas, e formalmente injustas, da parte dos "apocalípticos" (como as do talentoso Oliviero Toscani) contra a propaganda comercial. Na verdade, o fenômeno é sistêmico e algo mais complexo.

O sistema consumista existe graças a um pacto psicossocial, entre "persuasores" e "persuadidos", e não absolutamente graças a uma força unilateral, como tantos imaginam. Até meados do século XX, o sistema capitalista visava à produção, hoje visa ao consumo e exige que os indivíduos a ele se adaptem. Mas "persuasores" e "persuadidos" se iludem, principalmente a si mesmos. Os próprios "persuasores" convencem menos do que pensam, pois os "persuadidos" já estão de antemão convencidos. (O processo especificado – as vitórias publicitárias sobre a "concorrência" – vai girar em torno de detalhes.) Forma-se então um pacto transacional em que cada um desempenha papéis psicológicos de sedutor (onipotente) e seduzido (vítima de ilusões) para que o sistema não deixe de funcionar.

É tão absurdo acusar unilateralmente a propaganda (pelo "mal que ela causa"), como, igualmente, sentir-se culpado, como criador dessa mesma propaganda, pelas mesmíssimas razões. Acho inclusive que publicitários sejam dos últimos a ter consciência do mencionado pacto. Não considero, inclusive, que tenham, isoladamente, muito poder em suas mãos ou em suas idéias para mudar, *em profundidade*, seja lá o que for: até mesmo quando dispostos a oferecer gratuitamente, altruisticamente, seus talentos, estes não podem ser exercidos – ao contrário dos de um médico, de um advogado, de um professor –, pois sua atuação depende de enormes investimentos financeiros de que, como indivíduos isolados, publicitários não dispõem.

Como indivíduos isolados, publicitários, mesmo os mais criativos, podem pouco mais que gerar e difundir idéias efêmeras – embora muitas de inegável brilho e impacto – capazes de destacar algum reles artigo padronizado, ou traçar para ele uma trivial política de vendas. Não podem ser "culpados" por isso! Apenas, considerando a série histórica de milhares e milhares de publicitários, em sucessivas gerações, o acúmulo de suas infindáveis criações tem ajudado a erigir, com a participação imprescindível do "meio ambiente", o grande ATOL cultural do consumismo – como ocorre com os microscópicos corais do Pacífico, que recebem continuamente do oceano os elementos constitutivos de suas estupendas edificações. (É plenamente legítimo afirmar ser o oceano que edifica os atóis, usando os corais.)

Publicitários já tratam com uma realidade adrede preparada, cúmplice. A vítima seduzida quase sempre tem compensações (psicológicas) por ser seduzida, tanto em eventos pessoais como em eventos de massa. Assim, o que faz, de fato, o sucesso *de venda* de produtos (excetuados casos específicos) não é primordialmente a propaganda, mas sim, em última análise, a psicologia *de compra*, pois existe sempre, basicamente, uma receptividade congênita por parte do consumidor – em termos gerais, oceânicos, universais. Digamos, uma predisposição generalizada em acreditar, em se sentir participante da cultura de massa feérica de nossos tempos.

Herbert Marcuse afirmou que, se os meios de comunicação – que ele chama de "pirotécnica ilusionista" – cessassem de repente, haveria, depois de um momento de perplexidade, uma libertação, pois "as pessoas começariam a pensar

• AGÊNCIA DE PROPAGANDA E AS ENGRENAGENS DA HISTÓRIA •

por si mesmas"[9]. Pois eu acho que é isso exatamente o que as pessoas, quando se pensa em massa, mais odeiam fazer. Se a tal "pirotécnica", que dá o padrão da cultura consumista, cessasse de repente, essas massas, que participam por responsabilidade própria do sistema, entrariam numa confusão dos diabos, numa "anomia" absoluta, de vez que não receberiam mais a parte complementar de sua receptividade.

Metáfora simplória: se acaso sou alcoólatra, sou *eu* o responsável integral por meu alcoolismo, e não o "líquido irresistível" que jaz inerte numa garrafa, na prateleira de um bar ou supermercado, e não virá, por si só, forçar passagem por minha goela abaixo. (Os Estados Unidos têm pressionado muito a Bolívia no sentido de que erradique suas plantações de coca. Em La Paz, em janeiro de 2005, observei, numa passeata de *cocaleros*, cartaz com um *slogan* inteligente: "Gringos, erradiquem seus narizes!")

Já foi calculado que o americano típico, em suas três horas e meia diárias diante da televisão, é alvo, a cada ano, de 40 mil comerciais. Isso diz algo sobre o que seja o "americano típico" – bem como, por extensão, o novo "cidadão típico" ao redor do mundo, ou melhor, ao redor do *shopping center global*, na expressão do consultor de empresas Peter Drucker. Críticos "apocalípticos" terão motivo para falar de um massacre psicológico quase ininterrupto. Mas *quem* liga a televisão e se aboleta em frente a ela esse tempo todo? Insisto: é absurdo omitir a responsabilidade *individual* de cada um de nós numa análise realmente séria da atualidade psicossocial do mundo em que vivemos.

Em tempo: orgulha-me ser a Justiça brasileira talvez a única no mundo a negar, invariavelmente, qualquer pedido de indenização de ex-fumante contra empresas fabricantes de cigarro. Nesses processos, os trustes têm toda razão.

Estou ciente, por outro lado, de que esse tal "cidadão típico" que mencionei é generalização que pode conter distorções grotescas. Entre outras razões, porque não se pode falar de "público" como entidade acabada, homogênea, sem segmentos de classe, de região, de faixa etária etc., ou melhor, na linguagem do *métier*, sem *targets* específicos.

A incontornável responsabilidade *individual* do "homem unidimensional", simultaneamente vítima e cúmplice de uma cultura global trabalhada pela propaganda, não pode ser aplicada obviamente, a uma lavadeira analfabeta de Xapuri, ou a mulheres que, a dez minutos do centro do Rio, carregam latas na cabeça para despejar em valas negras, e só descansam à noite em frente à telinha, com todos os seus encantos, ou a homens que se arriscam para armar "gatos" ilegais na rede pública que permitam a suas famílias assistir à novela das oito.

Há um largo espectro de *no-targets* da propaganda, por pura marginalização econômica. Seria absurdo debitar então, a não-consumidores, uma ideologia complementar do consumismo. O que ocorre muitas vezes é que, para tais camadas de despossuídos, em maior ou menor grau, a avalanche da propaganda, com suas ofertas sedutoras e inalcançáveis, atua tantalicamente, às vezes mesmo como acicate ostensivo, no psiquismo dos mais desesperados, no sentido da criminalidade. Já comentei isso certa vez[10].

No presente ensaio, terei naturalmente de deixar à margem a existência desses fenômenos. O que estará em pauta, ao longo dele, são as áreas majoritárias onde a propaganda funciona como pretende e sabe funcionar – funcionamento que a justifica, recompensa e expande.

Assim, a eficiência da propaganda apóia-se, antes de tudo, na preferência, por parte de grandes contingentes de nossa congestionada sociedade, por se entregar, por se sentir participante de uma "maioria" que lhe aparece, nos anúncios e na TV, exultante e realizada; e não só por se entregar, mas por se *integrar* a esse "mercado" celebrado de idéias, produtos e modos de vida (mecanismo que Erich Fromm denomina de "conformismo de autômatos", e Karen Horney, de "submissão neurótica"). Essa preferência é sinônimo, obviamente, da preferência por *não pensar*, não analisar, não exercer maior senso crítico. O que a define, em maior ou menor grau, como de natureza irracional.

Como tudo que é irracional, essa "preferência por não pensar" é difícil de ser entendida.

Quem, usando mero bom senso, não perceberá que um comercial de TV, que custa fábulas, está lá unicamente para compensar *com lucros* o anunciante? Quem não concluirá que qualquer comprador de produto anunciado estará se cotizando nos custos de sua divulgação? Quem, usando dose mínima de avaliação crítica, não reconhecerá que não há relação alguma entre asas-deltas, pranchas de surfe, jipes lotados de jovens alegres, casais sorridentes e amorosos, e o refrigerante banal, o tênis caríssimo para quem não corre nunca, o celular cheio de funções, a maioria jamais solicitada na prática? Ou entre o automóvel, sempre deslumbrante, novinho em folha, potente e veloz, em que "o herói" se vê gloriosamente dirigindo, levando, graças a ele, uma mulher lindíssima ou pencas de garotas desinibidas, e o carro *real* que o comprador terá, igual a milhões de outros, com os sinais naturais de uso após algumas semanas, preso ao congestionamento do trânsito ou ao limite de 80 quilômetros por hora nas estradas? Ou que já não saiba da existência de infinidade de macetes, em produções e filmagens, como haver

• AGÊNCIA DE PROPAGANDA E AS ENGRENAGENS DA HISTÓRIA •

fígado fresco por baixo da comida para cachorro que o animal, faminto há dois dias, se precipita para devorar? Ou que se usa vidro preto no lugar de madeira, para comprovar a eficiência do lustra-móveis? Ou que os gelos de uísque são de acrílico e a alegre fumacinha que se desprende do refrigerante, gás butano previamente injetado? Ou que o astro de sucesso, ou a estrela famosa, que dobram as vendas de um produto ao declararem sua simpatia por algum lubrificante, sabonete, margarina, bateria, cerveja, detergente, perfume, qualquer coisa – o fazem por altos cachês?

Hoje, meados de 2005, assisto, pachorrentamente em minha poltrona, ao patrocinador do principal noticiário de TV, um grande banco, que me vem na figura de um gerente a abrir sorridente os braços para mim, o que, considerando os juros extorsivos cobrados pela rede bancária brasileira, nenhum urso faria melhor; a carros reluzentes correndo pela beira da praia, ao arrepio da lei, terminando num alegre *splash* contra as ondas do mar – insensatez que não só os atolará, como os levará a uma revisão geral pelos danos do sal contra o motor e a carroceria; ao consumidor de cerveja que, confrontado com a pergunta do garçom sobre qual marca deseja, parte para uma operação cerebral complexíssima, envolvendo todos os seus neurônios, até concluir por uma marca nova na praça – sem dúvida, a marca do débil mental; ao pneu que, para enfatizar sua melhor aderência, transforma-se em gigantesca mão de borracha negra, que se agarra ao asfalto como se este fosse um pano de veludo – coisa que, se remotamente possível, condenaria o veículo à imobilidade. Devo continuar? Devo imaginar que essas divertidas encenações, divulgadas a peso de ouro, estarão acaso me "enganando"? Absurdo. E acaso me sentiria "culpado", fosse eu quem as tivesse bolado? Absurdo. (Apenas, concordo, há coisas mais interessantes para fazer; além do fato de que alguns desses comerciais, de tão primários, me encheriam de vergonha se os tivesse "criado".)

Quando um anfitrião, depois do jantar, faz mágicas de salão para seus convidados, pode-se acaso acusá-lo de os estar "enganando"? Porém, o que dizer de convidado que, em vez de se divertir gratuitamente com os truques, termina a noite com a impressão de que o anfitrião possui poderes sobrenaturais?

Sim, sei muito bem, tais "gratuidades" publicitárias funcionam, recompensam com lucros seus anunciantes, ou pelo menos mantêm seus patamares de venda, pois do contrário não estariam ininterruptamente em exibição, à custa de verbas astronômicas.

São todos, anúncios e comerciais, fragmentos da mitologia consumista da sociedade de massa e dos tempos em que vivemos – no mundo inteiro, diga-se de passagem.

AGÊNCIA DE PROPAGANDA E AS ENGRENAGENS DA HISTÓRIA

Na verdade, dentro do pacto psicossocial que sustenta o consumismo, ninguém, em última análise, pode dizer-se "inocente". Mas também ninguém é "culpado".

A saída, penso eu, está na responsabilidade *individual* de cada um, em sua vida concreta.

A terceira perspectiva solicita que subamos ainda mais no patamar já atingido.

Solicita que tenhamos em mente que a palavra "propaganda", do termo "agência de propaganda", refere-se à força muito mais ampla que sua mera aplicação comercial. Força que, na verdade, marcou espetacularmente o século XX – com desdobramentos óbvios, ainda que reduzidos a uma só natureza, no início do século XXI.

A propaganda comercial, com o caráter como a conhecemos (e não meros anúncios classificados), surgiu no último quartel do século XIX, na Inglaterra, então líder da Revolução Industrial. Um dos primeiros anunciantes, o comerciante Henry Colburn, começou a ser criticado pelos jornais mais respeitáveis, como o *Atheneum* e o *Frazer's*, revoltados por anunciar ele graxa para sapatos e pó dentifrício nas mesmas linhas em que se falava de literatura. O interessante é notar, nos primórdios mais longínquos do regime consumista, a lucidez dessas críticas: "[...] não poderia ocorrer que Day e Martin, Rowland, Eady, Warren e outros da mesma laia, pudessem esbanjar tanto dinheiro nos elogios a seus óleos, livros, pílulas e graxas se não houvesse *uma espécie de seres humanos tão vorazes em acreditar*"[11] (o grifo é meu).

Meio século mais tarde, Mussolini, bom propagandista, afirmava: "O homem moderno está surpreendentemente disposto a crer" – o que seria corroborado, mais tarde, pelo *The Public Relations Journal*: "O público é enormemente crédulo".[12] Por sua vez, Goebbels, Ministro da Propaganda da Alemanha nazista, um gênio da propaganda política, ensinava: "As pessoas têm propensão imensa para acreditar; elas precisam acreditar em tudo e estão sempre a fazê-lo". Hitler foi ainda mais preciso: "O povo, em sua grande maioria, está numa disposição e num estado de espírito a tal ponto feminino, que suas opiniões e seus atos são determinados muito mais pela impressão produzida nos sentidos, que pela reflexão pura". E Stalin, titular do mais formidável Estado-Propaganda da História: "As massas sempre anseiam pela orientação do Partido".

Claro, estão todos falando da mesma coisa.

Passemos então a uma visão mais ampla dessa comunicação pública prodigiosa – propaganda – , ainda que explorando espaços e conhecimentos que, reconhecidamente, são estranhos à "cultura" prevalecente de uma agência de propaganda.

Que poderosa força, essa, que veio a caracterizar o século XX com espantosos fenômenos de massa, tão dignos de nosso admirável mundo novo quanto a visão da desintegração atômica? Trata-se especificamente de uma característica da Idade Contemporânea. Ph. de Félice procurou mostrar que todos os povos e épocas ofereceram sintomas de delírio coletivo[13]. Eram, contudo, demonstrações espontâneas, incontidas e desorganizadas.

Delenda Cartago foi eficientíssimo *slogan*, e a figura do peixe para os primeiros cristãos o que um publicitário de hoje reconhece como ótima "fixação de marca". Descobriram-se cartazes eleitorais na velha Pompéia; Bach compôs, no século XVIII, para estrear no Cafe Zimmermann, de Leipzig, uma alegre Cantata (BW 211) "vendendo" as delícias da (caríssima) rubiácea, e a própria História das civilizações só pode ser acompanhada à luz de suas mitologias. Tais vestígios de marcas, de *slogans*, de campanhas, no passado, não constituem absolutamente exemplo legítimo do que se possa entender hoje, produtivamente, por propaganda (incluindo-se, nessa afirmação, o fato de que o próprio termo "propaganda" adveio do nome de uma Congregação do papa Urbano VIII, *De propaganda fide*, de 1653 – um esforço eclesiástico de expansão catequética).

A caracterização da propaganda pressupõe, primeiramente, a explosão demográfica dos últimos tempos. A população do mundo, que dobrou no século XIX – fato inédito em toda sua existência –, continuou crescendo vertiginosamente até a Segunda Guerra Mundial. Esse novo povoamento, na Europa e na América, passou a concentrar-se nas cidades industriais, para cujo proveito, em muitos países, despovoaram-se os campos. Abalaram-se as células tradicionais: a casa, que era o centro da existência, o lugar de reunião, o patrimônio familiar, torna-se lugar de passagem, dividindo sua importância com o escritório, o departamento, a fábrica. O quarteirão impessoal, geométrico, substitui a aldeia organicamente estruturada. A assistência paroquial, baseada em relações humanas diretas e no sermão, perde a razão de ser. A produção do homem despersonaliza-se e, com ela, necessariamente, ele próprio.

O impacto da Revolução Industrial – cujas primeiras conseqüências econômicas permitiram a deflagração e continuação desse aumento demográfico – rompeu para sempre os últimos liames da síntese medieval. Ao abandonarem abruptamente seus tradicionais métodos de produção, vinculados ao feudalismo e à exploração da terra, populações intei-

AGÊNCIA DE PROPAGANDA E AS ENGRENAGENS DA HISTÓRIA

ras abandonavam também toda uma superestrutura de conceitos culturais e espirituais. O que passou a superpovoar a nova cidade industrial era, antes de tudo, uma multidão psiquicamente vazia e desorientada diante de uma realidade nacional em rápida transformação.

Ávida de notícias, ela mostrava, na verdade, estar ávida de uma resposta ao enigma de seu mundo novo.

Enquanto isso, a aurora enfumaçada da Revolução Industrial continuava a desenvolver-se ante seus olhos e em sua vida: a miséria, a insegurança da condição obreira, o temor do desemprego e da guerra criavam permanente estado de inquietação, levando cada indivíduo a refugiar-se nas certezas da massa: "Indivíduos reduzidos a uma vida animalescamente privada (dever-se-ia dizer, também, psicológica e moralmente) *aderem* àquilo que desprende calor humano, isto é, àquilo que já agrupou numerosos indivíduos. Eles ressentem a atração social de um modo direto e brutal".[14]

A *adesão* aqui também é "a ferro e fogo": elementos do novo panorama criado pela Revolução Industrial. Renovação dos mitos. Os velhos ídolos perderam seu magnetismo no cenário da produção em massa. Esta, superando de golpe o artesanato, reproduz em uma hora milhares de imagens que antes, quando laboriosamente concebidas e armadas, extasiavam a comunidade paroquial. A produção em massa cria realmente novos semblantes, mas agora sua natureza difere totalmente das antigas divindades. André Gide, em sua viagem à Rússia, notou que em todos os lares pendia o retrato de Stalin – o industrializador a ferro e fogo do país – "no mesmo pedaço de parede onde outrora vivia o ícone".[15]

Assim, é a própria Revolução Industrial que parte para preencher, avassaladoramente, o grande vazio psíquico que ela mesma provocara. Seus inventos técnicos fornecem-lhe os meios para agir, de inúmeros modos, sobre as novas e angustiadas massas que ela própria reunira.

A invenção da rotativa, dos meios de transporte para a distribuição, do telégrafo, multiplica a eficiência e o alcance do jornal, enquanto baixa radicalmente seu preço. Surgem as primeiras formidáveis potências de opinião. A invenção do alto-falante permite ampliar a voz humana, enquanto o telégrafo sem fio libertou definitivamente a palavra de toda limitação. Sem o rádio, nem Hitler nem De Gaulle poderiam ter exercido com eficiência o papel histórico que lhes coube.

A gravura, por sua vez (tão importante, por exemplo, na tradição napoleônica), beneficia-se dos novos processos de reprodução. A invenção da fotografia permite cópias mais rápidas, mais diretas, mais convincentes e de tiragem ilimitada. O cinema oferece uma imagem ainda mais verídica e surpreendente, enquanto a televisão e os novos meios eletrônicos levam todo esse mundo de informação e propaganda – com todas as suas implicações ideológicas – à intimidade doméstica do indivíduo, ao seu fragmentado reduto familiar.

É assim que a propaganda passa a ter natureza essencialmente diferente de tudo que se lhe assemelhasse no passado. Especialmente porque ela é historicamente criada (e só possível) pelos *donos* da Revolução Industrial. No trabalho de preencher o vazio moral provocado por essa Revolução, ela passa a ser também, conscientemente, uma arma ideológica, um instrumento de conquista de "corações e mentes" nas mãos das classes que, como novas classes dominantes, determinaram tal Revolução. Define Jacques Driencourt: "A propaganda – técnica para obter a adesão – é uma técnica humana de controle social".[16]

Essa excelente definição pode ser aplicada em toda linha a qualquer tipo de propaganda não-revolucionária. Seja o tema da campanha um novo Plano Qüinqüenal, a glorificação do Führer ou o lançamento do último modelo Ford, é a propaganda força de controle social nas mãos das elites dirigentes. Ela assim se insere, vivifica e estimula todo o universo psicológico da sociedade de massa em que surge e a qual tenta influenciar, servindo-se do vazio espiritual de multidões "com avidez por acreditar". Ela "vende", a essas multidões, uma ideologia (palavra usada aqui na acepção marxista de *falsa consciência*), uma formatação modelar e promissora da realidade, uma verdadeira concepção do mundo (*Weltanschaung*).

Se você, amigo leitor, reconhece o nazismo como fenômeno de suma importância na Idade Contemporânea, então vale a pena conhecer a abordagem de Joaquim Fest, sem dúvida o principal biógrafo de Adolf Hitler:

> A propaganda foi o gênio do nacional-socialismo. Ela não foi apenas determinante das mais importantes vitórias de Hitler. Mais do que isso, ela foi a alavanca que promoveu a ascensão do partido, sendo mesmo parte de sua essência, e não simples instrumento de poder. É muito mais difícil compreender o nacional-socialismo através de sua nebulosa e contraditória filosofia do que pela índole de sua propaganda. Indo ao extremo, pode-se dizer que o nacional-socialismo era propaganda disfarçada em ideologia.[17]

Outro importante biógrafo de Hitler, Rainer Zitelmann, citado por J. Lukacs, especula, certamente com exagero, terem sido intenções de propaganda que ditaram a mais tenebrosa face do hitlerismo: a perseguição aos judeus. Baseia-se em discurso de Hitler de 27 de fevereiro de 1925: "É psicologicamente errado estabelecer uma grande variedade de alvos para a luta"; correto é "selecionar apenas um inimigo que todos possam reconhecer: ele é o único culpado". E em seguida: "esse inimigo é o judeu"[18].

"Vendendo" – para manter a terminologia publicitária usual – metas de trabalho, místicas de raça ou estoques de um *shopping center*, é a propaganda "uma técnica para obter a adesão". Note-se que o termo correto é *adesão*, e não, por suas naturais relações com o fervor religioso, *conversão*. A propaganda afeta a quem se ache espiritualmente vazio. Ela engaja o desengajado, que elimina sua solidão interior por uma aceitação psíquica do "ideal" que lhe oferecem, e que ele sabe ser aceito por um contingente social. Ele aceita vorazmente determinada mensagem de felicidade e esperança, que traga um pouco de vida à sua aridez espiritual. Como notou Karl Mannheim, "é a nossa ignorância dos efeitos desumanizadores da civilização industrial sobre o espírito que permite a formação daquele vácuo em que os curandeiros da propaganda derramam seu veneno"[19].

Daí parecer compreensível que indivíduo perfeitamente "engajado", por força de determinado tipo de propaganda ideológica – do partido, da raça, do consumo – seja praticamente imune a outro tipo de propaganda. Fanatismos e mistificações, tantas vezes identificados por sua irracionalidade intrínseca, repelem-se no plano das aparências e dos propósitos imediatos. A primeira preocupação de quem se interesse em compreendê-los é tentar tornar-se vacinado contra qualquer mentalidade de "consumidor".

Seja qual for o engajamento psíquico operado pela propaganda, é ele a fase crucial do processo de alienação humana, posto sistematicamente em prática, num regime conservador, pelo *status quo* dominante: alienação em face do estado, do líder, do partido, da empresa, de uma cornucópia de bens, de um modelo de sucesso profissional e familiar, de um regime de vida.

Contudo, como já foi aqui lembrado, esse processo de alienação, em uma sociedade de massa, não se exerce de forma simplista, unilateral, no seguinte fluxo esquemático: classes dominantes → instrumento → objeto. Esse fluxo é apenas sua face exterior, que dá tanto pano para manga aos "apocalípticos", críticos, também unilaterais, da propaganda. Isso porque o processo completo atua, com seu poder próprio, como peça de formação do CARÁTER SOCIAL, que, em qualquer sociedade, funciona num regime fechado de retroalimentação, de *feedback* (mais sobre caráter social adiante).

Então, sobre uma gama imensa de possibilidades, temos a propaganda como complexo cuja análise permite fiel interpretação da sociedade industrial em que surge e a qual opera e controla. Dessa perspectiva é que se nota sua constituição essencialmente moderna. Todos os seus antecedentes, de fins do século XIX para trás, embora curiosos, em quase nada se prestam a fornecer uma visão completa e detalhada de sua realidade contemporânea.

As Cruzadas, bom exemplo – um dos mais notáveis movimentos de massa na História, impulsionados pelo fervor e pela convicção –, podem ser bem explicadas em face das condições sociais e econômicas da época. Contudo, em seu desenvolvimento não se nota qualquer núcleo conscientemente *organizador* a explorar essas condições. Tais condições – disparidades de poder político, conflitos monárquicos e sociais europeus, acrescidos de marcante aumento demográfico – encontraram feliz ressonância nos ideais de fé, aventura e desafogo latentes na Europa medieval. É fato que foi o papa Urbano II quem deu historicamente origem ao movimento, depois de um sermão com um bom *slogan*, *Deus volt!* ("Deus quer!"), logo seguido pelo proselitismo de Pedro, o eremita, "um quase demente". Porém seria absurdo ver tal "propaganda" como causa direta da onda de campanhas militares, calcadas em devoção religiosa, que durante dois séculos se derramou da Europa para o Levante (e que, inclusive, saquearia outro baluarte da Cristandade, o Império Bizantino, acelerando a sua dissolução). Na verdade, o mero apelo inicial pela libertação de Jerusalém, que acarretou a adesão de multidões para a guerra de conquista (guerra que atendia aos interesses econômicos dos soberanos europeus do século XI, seus verdadeiros empreendedores), agiu tão-só como gota a transbordar um copo: um ambiente político, social e psicológico conflituoso e saturado. O que ocorreu foi mais uma demonstração de como os mitos na História sempre correspondem aos interesses da organização política e econômica das sociedades em que surgem. No entanto, nem o púlpito nem as exortações papais (únicos fatores, na época, capazes de exercer propaganda) jamais alimentaram ininterruptamente, muito menos *controlaram*, o fenômeno. Aliás, o próprio Urbano II, "havia pouco a pouco se desinteressado de sua obra", e, mesmo depois da tomada de Jerusalém, os clérigos não conseguiram sequer a supremacia de um patriarca para a Cidade Santa, ficando ela totalmente em poder dos barões francos, que não escondiam "seu pouco interesse pelos negócios da Igreja"[20].

Outro caso curioso é o do "culto à personalidade". Remonta aos primórdios da História e a acompanha desde os faraós e grandes reis da Antigüidade, particularmente Alexandre, césares romanos, potentados divinizados nos cinco continentes etc.

Afirma-se hoje que Napoleão Bonaparte teria sido "o primeiro na história a perceber o poder ilimitado da propaganda".

São palavras do historiador americano Wayne Hanley, autor de *The genesis of Napoleonic propaganda*. "Napoleão dominou todos os meios de comunicação que teve à disposição." Hanley lembra que, em apenas três anos (1796-1799), Napoleão se transformou de obscuro general em cônsul da República.

> Apesar das vitórias militares e diplomáticas, ele jamais teria ascensão tão meteórica se não fosse a habilidade de se autopromover, com poemas, moedas comemorativas, artigos em jornais parisienses, censura da imprensa, confisco de obras de arte e principalmente uma cuidadosa construção da imbatível imagem de um estadista que não descansa nunca, elaborada pelos melhores pintores da época.[21]

(Luís XIV já lançara mão desses recursos: moedas cunhadas a cada vitória, pintores para celebrar suas campanhas etc.)

O mais famoso quadro de Bonaparte, *O Primeiro Cônsul cruzando os Alpes no Passo de Grand-Saint-Bernard*, do neoclássico Louis David (que Napoleão culminou de dinheiro e regalias até torná-lo praticamente seu pintor oficial), mostra o general montado em um garboso cavalo branco empinado, seu manto vermelho ao vento (já prometendo ser de púrpura), o braço num gesto arrebatador, apontando para o futuro. Composição perfeita para demonstrar a ascensão heróica de um mito, e que poderia justificar a definição, também muito publicitária, de Bonaparte por Hegel: "A História a cavalo". A verdade é mais prosaica: Napoleão cruzou aquele passo montado em um burro e vestindo um casaco verde surrado.

Em outra vertente de sua talentosa estratégia (publicitária), Napoleão, dono de estilo literário envolvente, relatava suas batalhas como um novelista. A norma de seus comunicados poderia ser: "O que é ruim a gente esconde". Os jornais de Paris – 500 numa cidade de 600 mil habitantes – acompanhavam as notícias do *front*, publicando os despachos de Bonaparte (historicamente os primeiros *press-releases*), intrinsecamente autopromocionais. Rapidamente ele foi alçado à condição de astro.

Houve um desdobramento cruel de toda essa marquetagem. Sob o governo do corso, a polícia na França adquiriu poderes ilimitados, que restringiam as liberdades individuais e esquivavam-se ao controle do poder Judiciário. Competindo com ela, agentes dos ministros, dos prefeitos e do próprio imperador rivalizavam no zelo com que espionavam e delatavam. Toda oposição era reprimida, detida arbitrariamente nos manicômios ou nas prisões do Estado. A censura não tolerava qualquer crítica, mesmo velada, ao imperador, seu regime, sua política e suas instituições. Os decretos de 1810 só permitiram a sobrevivência de um único jornal por departamento, e quatro em Paris. Todos "inspirados" pelo *Le Moniteur* e submetidos ao controle permanente de inspetores do governo, pagos pelos próprios jornais. A imprensa tornou-se, por tudo isso, totalmente servil. Impressores e livreiros eram igualmente submetidos ao controle do governo. O ensino devia orientar-se, segundo Bonaparte, "para o respeito pela religião e a estima pelo soberano", e para "a história gloriosa da IV Dinastia"[22].

Não há espaço aqui para "discutir" Napoleão Bonaparte, exceto em um verbete: ele só pode ser entendido como o último episódio da Revolução Francesa, cujos ideais republicanos formalmente enterrou (ou não: revoluções européias subseqüentes, principalmente as de 1830 e 1848, que "republicanizaram", de uma forma ou de outra, o continente vieram, sem dúvida, na esteira das campanhas napoleônicas). Acontece que o corso, sem traço algum de linhagem aristocrática, enfrentava, na pessoa de seus adversários, o milenar "direito divino dos reis", cujo "culto à personalidade" era inerente como dogma. Daí a decisão desse plebeu de coroar-se imperador, ele próprio colocando a coroa na cabeça, na presença de um papa humilhado. Daí ter induzido seu casamento com a filha do imperador austríaco Habsburgo (dinastia dominante do também milenar Sacro Império Romano-germânico), imperador que Napoleão já derrotara em duas guerras consecutivas, além de ter dissolvido, de quebra, o próprio Sacro Império.

Toda a promoção pessoal de Napoleão, bem como a promoção de sua IV Dinastia, foi fundamentalmente uma tentativa obsessiva de compensação desse seu tremendo *handicap* no que se referia ao sangue azul. Não passou disso.

Nunca essa promoção se constituiu, de forma alguma, num esforço de persuasão orgânico, planificado e *ideológico*, coisa que o mundo só viria a conhecer no século XX. Não foi, a rigor (exceto como expressão de retórica), exemplo legítimo de propaganda.

Em questões de "propaganda", Napoleão está muito mais próximo de Ramsés II (1300-1223 a.C.) – faraó que ditava a seus escribas, para divulgação pública, relatos de sua grandiosa vitória contra os hititas, quando na verdade tratou-se de um empate (ou melhor, de um fiasco; por pouco Ramsés não foi aprisionado), e se comprazia, para desespero atual dos arqueólogos, em mandar gravar seu nome em obras de faraós anteriores para que parecessem suas – do que de Stalin, de Hitler, ou dos heróis e heroínas (mais) sorridentes introduzidos na civilização pela Madison Avenue.

Mitos a humanidade sempre foi generosíssima em criar: seja o Gilgamesh mesopotâmico, o Moisés hebraico, o Aquiles grego, o Rolando franco, o Lohengrin germânico, o Tenoch asteca, o Parsifal cristão ou o futuro imperador da Europa montado num cavalo empinado, apontando a seus seguidores o porvir redentor. Junto de cada um desses inumeráveis heróis e sua saga, todo um complexo de conceitos, idéias, valores e ideais que sempre correspondem, em última análise, aos interesses da organização política e econômica das sociedades em que surgem.

Estamos falando do mito *industrializado*.

Suas criações correspondem também, é claro, aos interesses da organização política e econômica das sociedades em que surgem. No entanto, além das dimensões incomparavelmente maiores de todos os fatores, a grande diferença é que esse processo de criação agora é levado a cabo de maneira técnica, organizada e ininterrupta. A Revolução Industrial, em seu primeiro ímpeto de domínio da natureza, conquistou também empiricamente, entre tantas outras coisas, o poder de adubar, fomentar e controlar (inclusive graças aos novos conhecimentos fornecidos pela psicologia) essa emergência social espontânea, pela qual cada sociedade cria mitos como expressão de seus interesses políticos e econômicos.

Isso põe em pauta, mais uma vez, o princípio da *conveniência obrigatória* da propaganda (como o de quaisquer outros mitos na História). "Não se pode vender ratoeiras a quem não tem problemas com ratos" é aforismo muito citado entre publicitários. Da mesma forma, não se pode "vender" o fascismo, suponhamos, a uma sociedade que não esteja estruturalmente propensa a admiti-lo. A Alemanha pós-Primeira Guerra, por exemplo, da qual saiu empobrecida, humilhada, encurralada pelo Tratado de Versalhes e traumatizada por uma revolução esquerdista sangrenta (novembro de 1918), além de repositória de velhos substratos históricos, como se verá, era organismo altamente sensível à propaganda direitista do totalitarismo (palavra cunhada em fins da década de 1920, relacionada com a Itália de Mussolini) – ao contrário da mesma Alemanha durante seu enorme surto de prosperidade após a Segunda Guerra, quando muito significativamente contraiu, de um de seus vencedores, mitos já então do capitalismo moderno: os da ideologia do consumo. Nos casos citados, evidentemente, a propaganda não criou, de *per se*, nem o nazismo nem a atual mentalidade de desperdício em um povo tradicionalmente adepto aplicado da poupança, mas refletiu e acelerou, de modo próprio, dois fenômenos sociológicos de raízes profundas.

É claro que não foi Hitler, com sua impressionante oratória, nem a onipresente propaganda do doutor Goebbels, que "criaram" a Alemanha nazista. (Curiosamente, o muito eficiente Ministro da Propaganda do Terceiro Reich era, como notou o pesquisador Alexander Smoltczyc, "uma cria tanto de Marx como da Coca-Cola" [23] – bebida já famosa e intensamente anunciada na Alemanha nazista até a eclosão da Guerra: incorporou ele, da propaganda soviética, o poder dos *slogans* e das palavras de ordem; e, da americana, a "totalidade", a veiculação maciça.)

Demonizar "Hitler e seus asseclas" é a maneira mais certa e tola de desistir de compreender o Terceiro Reich e a Segunda Guerra. Ou a maneira de esquivar muito mais gente de suas responsabilidades. Como se o anti-semitismo alemão não se alastrasse, com seus *pogroms* horripilantes, por toda a Idade Média. Ou como se Frederico, o Grande (organizador, como Hitler, do maior, mais bem armado e mais disciplinado exército de sua época), bem como Bismarck, Guilherme II e toda a elite prussiana não encarnassem expoentes máximos de expansionismo militar, à custa dos vizinhos. Ou como se a Alemanha não fosse, até a Primeira Guerra, a nação mais militarizada da Terra, em todos os setores, inclusive universitários e sindicais.

Prova de ter sido, primordialmente, um complexo de fatores arraigados na sociedade alemã que gerou o nazismo e sua propaganda (e não o contrário) está no fato de que essa mesma estupenda propaganda, capaz de levar ao delírio multidões no Terceiro Reich, jamais teve o menor efeito *fora* da Alemanha, nem mesmo com seus aliados.

Um pequeno dado, a propósito: em 1922, apareceu na Alemanha um estranho livro de Kurt Hesse – militar, admirador das teorias do grande estrategista prussiano do século XIX, von Clausewitz – sob o título *Feldherr Psychologus* (Marechal Psicólogo). Nele, Hesse analisa os ensinamentos da Primeira Guerra e demonstra quanto a Alemanha estava pronta para Hitler:

> Assim, dia virá em que se anunciará Aquele que todos nós aguardamos cheios de esperança; centenas de milhares de cérebros carregam sua imagem no seu âmago, milhões de vozes invocam-no incessantemente, toda a alma alemã o procura. De onde virá? Ninguém sabe. Talvez de um palácio de príncipes, talvez de uma cabana de operário. Mas cada um sabe: é ele, o *Führer*, cada um o aclamará, cada um lhe obedecerá. E por quê? Porque um poder extraordinário emana de sua

pessoa: é o diretor das almas. Daí porque seu nome será: o Marechal Psicólogo... O melhor de seu ser é sua palavra.

Nem o messianismo político (pré-nazista) nem o cesarismo bizantino (pré-stalinista) poderiam se considerar inéditos na História, nas décadas de 1920 e 1930. Mas tanto Hitler quanto Stalin destacam-se de seus predecessores, pois atuavam dentro do quadro da sociedade industrial, dispondo ambos de máquinas (gigantescas e totalitárias) de propaganda. Que, por sua vez, se nutria de estratos históricos e psicológicos preexistentes em tais sociedades.

Inclusive, no caso da propaganda nazista, essa inter-relação contém ingrediente perturbador, pouco conhecido: é o fato de ter ela sido, de longe, comparada às suas titânicas congêneres (incluindo a propaganda americana de consumo), a mais impregnada de religiosidade.

Não de religiosidade calcada nos ritos da mitologia germânica, iluminada por raios de Wotan e feitiçarias nórdicas – o que as temíveis procissões nazistas na década de 1930, marchando à noite com archotes pelas ruas de Berlim, pareciam evocar. Quer dizer, não impregnada de paganismo arcaico, que Hitler, por sinal, muito desprezava ("lixo da pré-história alemã"), mas sim – o que pode ser chocante para muitos – de cristianismo (ou pseudocristianismo).

Todos os antecessores e fundadores do movimento nazista (com uma única exceção, Ludendorff, o único expulso do partido) pretenderam desde o início, publicamente ou em teorizações privadas, calcá-lo numa explícita valorização do Cristo. É verdade que um Cristo agora ariano, louro e de olhos azuis, descolado do Velho Testamento hebraico e continuamente relembrado no violento episódio em que chicoteia os vendilhões judeus do Templo (João, 2:15): episódio que, presumo, seria reencenado *ad nauseam* na propaganda nazista na TV, acaso houvesse TV naquela época.

Goebbels, para quem Cristo ocupava lugar central em sua visão do mundo, acreditava que a luta nazista era intrinsecamente religiosa, uma luta, como ele disse, contra o próprio Demônio. Para Hitler, em discurso de 1926, o objetivo do nazismo era "traduzir em ações os ideais de Cristo". Em tom quase evangélico, Hitler chegou a declarar que "a verdadeira mensagem" do cristianismo só era encontrada no nazismo[24]. (Mais tarde, já no poder, produziria também declarações anticristãs, mas nunca em público.) Milhares de discursos, livros e publicações repisarão esse espantoso recrutamento de Jesus para o Partido Nazista. (Ocorreu-me, ao redigir este parágrafo, que a suástica – poderosíssimo símbolo gráfico e publicitário recriado por Adolf Hitler – não deixa de ser uma cruz.)

AGÊNCIA DE PROPAGANDA E AS ENGRENAGENS DA HISTÓRIA

Com base nessa ótica cristã – e em face das duas confissões na Alemanha, católica e protestante – , o regime pendeu maciçamente para o protestantismo, por suas raízes germânicas e reformistas incontestáveis. Seu mais importante *slogan* – *Ein Volk, ein Reich, ein Führer* ("Um único Povo, uma única Nação, um único Líder") – representava opção explícita pelo protestantismo, em contraposição ao internacionalismo católico. E esse aspecto do catolicismo era apenas uma de suas "desvantagens".

Até a tomada do poder por Hitler, o catolicismo alemão – a maior e mais organizada instituição social do país – formava, com raras exceções, frente unida contra o nazismo, denunciado por cardeais e arcebispos como "incompatível com o cristianismo católico". Essa frente, bem como toda atividade política católica, foi dissolvida, em julho de 1933, pela Concordata do Reich – obra do autocrático cardeal do Vaticano Pacelli, futuro Pio XII, e ditada, mais que tudo, por seus objetivos de crescente concentração de poder para a Santa Sé, no caso à custa da autonomia política dos católicos alemães[25].

Mesmo assim, muitos anos antes da Concordata e mesmo após sua opção pelo protestantismo, Hitler cuidava por não afrontar o catolicismo, majoritário no sul do país. Hitler pretendia evitar a todo custo uma nova querela religiosa na Alemanha, como a promovida por Bismarck (*Kulturkampf*). Seu escopo político e religioso era muito outro: "Hitler inequivocamente desejava definir o nazismo como uma política religiosa e não uma religião política"[26]. O que diz um bocado sobre o forte componente religioso do nazismo e sua propaganda.

Religioso-cristão-luterano. Realmente, todos os fundadores, disseminadores e propagandistas do movimento – inclusive os de confissão nominal católica, como Goebbels, Göring, Himmler e o próprio Hitler – darão, em sua práxis, franca preferência pelo protestantismo, muito particularmente o luterano. Nada mais lógico: em Lutero encontra-se manancial inesgotável de nacionalismo tenaz e tenaz anti-semitismo (o autor da Reforma Protestante apregoava que os estrangeiros só vinham à Alemanha "para roubar o ouro alemão"; produziu textos, em *Os judeus e suas mentiras*, que poderiam ser afixados em cartaz, como prognóstico, sobre as levas humanas que chegavam em trens de carga a Auschwitz).

De sua parte, amplas seções da instituição protestante na Alemanha passaram a apoiar calorosamente o Partido Nazista, no qual inúmeros pastores se inscreveram até 1936, e que possuía, na opinião de proeminente membro da Igreja Confessional, "um relacionamento firme e positivo com o cristianismo". Assim, de modo geral, tanto em publicações como em pregações evangélicas e no relacionamento pastoral, o protestantismo alemão, principalmente o tradicional luteranismo, "fechava" com o nazismo. "Por meu intermédio", disse Hitler a Albert Speer, "a Igreja protestante poderia tornar-se a igreja oficial, como na Inglaterra"[27]. (Isso não exclui dificuldades posteriores de relacionamento do regime com o presbitério, mais por rivalidade institucional que por oposição ideológica, nem casos de resistência avulsa, nem de clérigos protestantes que acabaram em campos de concentração – embora em número espantosamente menor que o de clérigos católicos.)

Não foi, pois, a propaganda nazista que "criou" o psiquismo de massa do Terceiro Reich. Ao contrário, ela alimentou-se, extensa e conscientemente (além de desdobrar esses fatores em interesse próprio), de extratos históricos que se reportam não tanto à saga dos Nibelungos, porém, muito mais recentemente, à cena social e religiosa da Alemanha do século XVI, onde Lutero deitou e rolou.

Isso explicaria, a meu ver, o fervor religioso dessa propaganda. Principalmente na oratória de seus maiores líderes: fervor capaz de embriagar multidões, à feição de delirantes cultos coletivos messiânicos e redentoristas, e até hoje inexcedível na propaganda política. Explicaria também a "aura" de grandes eventos do Partido, particularmente as monumentais Reuniões de Nuremberg – cujos documentários cinematográficos, feitos pela talentosa diretora nazista Leni Riefenstahl, tornaram-se a mais poderosa peça de propaganda política da história da cinematografia.

Note-se que tais formidáveis reuniões tiveram sua encenação inspirada na grandiosa ópera religiosa *Parsifal*, do compositor ultranacionalista alemão e anti-semita empedernido (autor de *Os judeus e a música*) Richard Wagner. Hitler considerava as três maiores personagens *völkisch* (isto é, em tradução ligada ao contexto, antecessoras do nazismo) Lutero, Wagner e Frederico, o Grande – observação impossível de ser mais exata[28].

Nessa ópera, a que Hitler assistia anualmente, com seu *entourage*, em Bayreuth, o chefe de uma Ordem de Cavaleiros, guardiã do Santo Graal, encontra-se há muito tempo doente (a Alemanha?), mas é afinal curado graças à chegada providencial de um herói inocente e predestinado (quem?), que trará de volta para a Ordem a Santa Lança (uma arma), recuperada de maligno feiticeiro de nariz adunco, santamente exterminado pelo herói cristão. Wagner morreu seis anos antes de Hitler nascer. Não foi a propaganda nazista que "criou" o Terceiro Reich.

Do mesmo modo, não foi Stalin nem a esmagadora propaganda desencadeada por seu regime que "criaram", de *per se*, a Rússia stalinista. Stalin foi legítimo sucessor de tiranos absolutos, como Ivan III, Ivan IV ("o Terrível" – misto de gênio político e monstro, muito elogiado por Stalin), e Pedro, o Grande. Cada um deles, por muito impiedoso que fosse, sempre foi idolatrado, pela imensa população servil russa, como *Papuska* (Paizinho), cognome popular de todos os czares. Até mesmo o repugnante golpe publicitário do regime, de embalsamar Lenin, e depois Stalin, atendia à arraigada fé ortodoxa russa de que "os santos não apodrecem".

Melhor ainda, como nota Emmanuel Todd: "O comunismo soviético não foi mais que o reflexo ideológico transitório de valores profundamente enraizados na estrutura social russa"[29].

Comprova-se, assim, que o extraordinário progresso desse tipo de comunicação pública, oriundo da Revolução Industrial, representado pela propaganda – a *organização* na criação do mito –, tenha delineado, com nitidez, um fator até então inexistente: o *organizador*. E comprova-se, concomitantemente, a tese de que todo mito não é simplesmente a expressão dos interesses político-econômicos de uma sociedade, mas dos interesses político-econômicos de suas classes dominantes: insufladoras, capitalizadoras, adaptadoras e beneficiárias de dito mito.

A propaganda é, pois, uma superestrutura cuja análise comparada pode possibilitar válidos elementos de compreensão de uma sociedade moderna. Para tanto, cumpre estudá-la à luz do complexo de matérias que informam a sociologia: a antropologia, a psicologia e as demais ciências sociais, além da sociologia da arte, da história e da economia.

A propaganda, ao objetivar o que se afigura tão simples à primeira vista – a *adesão* – , atravessa a sociedade de massa de alto a baixo, como verdadeiro eixo de sua coerência econômica, política e psicológica.

Em torno desse eixo é que se agregam os ideais de massa mais peculiares dessa sociedade, condicionados, como é fácil ver, à sua organização política, e atendendo fundamentalmente, como é possível provar, à sua organização econômica.

Penso que as coisas ficarão mais claras se entendermos propaganda como componente da formação do caráter social, que se verifica em qualquer grupamento humano organizado, em qualquer época histórica.

Que é caráter social? Vou me valer, como recurso de simplificação, da exposição de Erich Fromm, autor que mais fez por culturalizar o pensamento de Freud. Ressalte-se, contudo, que é conceito amplamente adotado pelas ciências sociais.

Diz Fromm, em um de seus livros: "*Entendo por esse conceito o núcleo da estrutura de caráter partilhada pela maioria dos membros da mesma cultura*", em contraposição "*ao caráter individual que as pessoas pertencentes à mesma cultura diferem entre si*"[30] (os grifos são de Fromm). "O conceito de caráter social não é um conceito estatístico, no sentido de constituir simplesmente a soma total dos traços de caráter encontrados na maioria das pessoas de determinada cultura. Só poderá ser compreendido em referência à *função* do caráter social."

Fromm explica melhor o caráter social neste parágrafo (os grifos são de Fromm):

Cada sociedade é estruturada e funciona de certas formas, exigidas por uma série de condições objetivas, que incluem métodos de produção, que por sua vez dependem da matéria-prima, técnicas industriais, clima, volume de população, fatores políticos e geográficos, tradições e influências culturais, a que a sociedade está exposta. Não há nenhuma "sociedade" em geral, mas apenas estruturas sociais específicas que funcionam de formas diversas e observáveis. Embora essas estruturas sociais se modifiquem no curso do desenvolvimento histórico, são relativamente fixas nos diferentes períodos da História. Qualquer sociedade só pode existir funcionando dentro da moldura de sua estrutura particular. Os membros da sociedade e/ou as várias classes ou grupos sociais dentro dela têm de se comportar de modo a funcionar no sentido exigido pelo sistema social. É função do caráter social modelar as energias dos membros da sociedade de modo que seu comportamento não seja questão de decisão consciente sobre a obediência ou não ao padrão social, mas sim *um desejo de agir tal como têm de agir*, e ao mesmo tempo encontrem satisfação em agir de acordo com as exigências de sua determinada cultura. Em outras palavras, é função do caráter social *modelar e canalizar a energia humana dentro de determinada sociedade, com o objetivo de manter o funcionamento ininterrupto* dessa sociedade.

Atento à dialética, Fromm faz uma ressalva (os grifos também são dele):

> Não é apenas a base econômica que cria certo caráter social que, por sua vez, cria certas idéias. Estas, uma vez criadas, influenciam também o caráter social e, indiretamente, a estrutura social e econômica. O que desejo ressaltar é *que o caráter social é o intermediário entre a estrutura socioeconômica e as idéias predominantes numa sociedade.* É intermediário em ambas as direções, da base econômica para as idéias e das idéias para a base econômica.

Eis o esquema de Fromm:

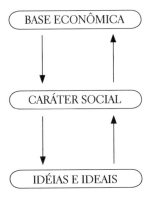

Em outro de seus livros, remarca:

A função do caráter social consiste em modelar as energias dos membros da sociedade de forma tal que sua conduta não seja assunto de decisão consciente quanto a seguir ou não a norma social, mas uma questão de *desejarem comportar-se como têm de comportar-se*, encontrando, ao mesmo tempo, prazer em proceder da forma exigida pela cultura.[31]

Já Hans Freyer, sociólogo e historiador, conceituou o processo de interiorização do caráter social no que chamou "sistemas secundários", que ele define assim: "[...] são sistemas de ordens sociais que se projetam até os fundamentos, isto é, até o interior do sujeito humano. Sempre colocam, ao mesmo tempo, ao redor de si, *a exigência e o seu cumprimento*, a oportunidade e a concorrência, as regras do jogo e o jogador; *eles se adaptam uns aos outros*"[32] (os grifos são meus).

Fica evidente, nesse contexto, ser a propaganda, muito particularmente a propaganda comercial, força poderosa – ainda que historicamente recente – na formação do caráter social dos grandes aglomerados humanos sobre os quais atua. A partir do século XX, essa força distingue-se das congêneres anteriores não só por seu inédito poderio econômico e tecnológico, mas também, como já vimos, por ser organizada, técnica, ininterrupta, industrial e mais ou menos consciente.

O que é menos consciente é a contrapartida de sua atuação, que fecha o ciclo de sua eficácia (tanto quanto completa o processo de retroalimentação do caráter social): a receptividade congênita das massas pelos mitos que lhe são "vendidos", sua validação *a priori* das falácias que lhe são "impostas", sua "voracidade em acreditar".

Com base nesses pressupostos, escrevi, em 1963, meu primeiro livro, *URSS – Interpretação através da propaganda* (digo "primeiro" pois há muito renegara outros dois, extremamente imaturos, sobre sinfonias de Beethoven). Foi livro para o qual me fiz valer, muito secundariamente, do fato de ter visitado, em 1959, a União Soviética, em viagem em que apresentei, publicitariamente, sob patrocínio da UNE, o mate brasileiro na Universidade de Moscou – na verdade, a primeira promoção de um produto brasileiro, com reais possibilidades de exportação, na União Soviética.

Já que me enveredei, algo arbitrariamente, por parágrafo de minha biografia, permita-me o leitor alargar essa digressão relatando intrigante episódio ocorrido antes do lançamento do tal livro.

Enviei meus originais, em início de 1964, ao Ênio Silveira, titular da progressista editora Civilização Brasileira, tida por "subversiva" pelos autores do golpe militar desfechado logo a seguir, em fins de março. Em julho, ao voltar a contatar o Ênio, soube que militares o visitaram em sindicância e que meus originais tinham sido confiscados. Embora possuísse cópias, julguei corretamente que aquilo era abuso contra a propriedade privada que tais sediciosos alegavam tanto defender. Assim, pus-me em campo e descobri que meus papéis estavam em poder do coronel Andrade Serpa – que mais tarde, já general, participaria expressivamente, como representante da ala nacionalista do Exército, do jogo de forças ocorrido por ocasião da sucessão do general Costa e Silva, vítima de derrame cerebral. Falei com o coronel por telefone e ficamos acertados de que eu o visitaria 15 dias depois, no Ministério da Guerra.

Quem viveu aquela época, com milhares de presos políticos por todo o país, certamente vai concordar que o Ministério da Guerra não era o endereço mais tranqüilizador para um jovem e desconhecido autor de livro sobre a Rússia comunista – e que, ainda mais, informava no texto ter visitado países atrás da Cortina de Ferro, algo há anos proibido pelo governo brasileiro a seus cidadãos.

Depois de 40 minutos numa sala, pelo menos confortável (mas que, em minha imaginação, bem poderia ser a antecâmara de um cubículo gradeado), me apareceu o coronel Serpa: alto, sério, tranqüilo, andando a passos largos. Na presença de dois outros oficiais, folheou em minha presença, vagarosamente, os originais, detendo-se aqui e ali, sem proferir qualquer comentário. Depois, disse que gostaria de me fazer uma única pergunta:

— Em que medida o senhor, que parece ter estudado tanto a Rússia comunista, concorda que ela monitorava o antigo governo brasileiro, monitoramento desbaratado pela Revolução de Março?

Pensei no cubículo, mas preferi jogar limpo:

– O senhor refere-se a um monitoramento como o que a União Soviética exerce, por exemplo, em Cuba?

– Sim, senhor.

– Nenhuma, coronel, em medida nenhuma. Para manter uma ilhota como Cuba, os russos despedem 5 *bilhões* de dólares por ano, a fundo perdido. Além disso, por causa de Cuba, envolveram-se em sua mais perigosa crise do pós-guerra, que por pouco não os arrasta para uma confrontação nuclear – crise que lhes acarretou a maior humilhação de sua história, com a retirada imposta de seus foguetes. Se havia alguma tendência de "sovietização" do Brasil antes da "Revolução de Março", ninguém estaria mais preocupado com essa possibilidade que os soviéticos. Não teriam, em hipótese alguma, cacife, nem econômico nem militar, para bancar um novo "satélite", do outro lado do mundo, dentro da esfera dos Estados Unidos, e ainda mais do tamanho do Brasil! Seria novo lance, certo, para seu desprestígio mundial. Fique seguro de que a "Revolução de Março" dissipou, para os senhores do Kremlin, um pesadelo de horror crescente. E nem precisaram pagar nada pelo serviço...

Andrade Serpa me fitava muito sério. Os outros oficiais se entreolhavam. Em seguida, o coronel colocou educadamente meus originais num envelope, passou-o para mim, e nos despedimos, sem mais uma palavra.

Senti que não havia mais campo para voltar ao Ênio. Assim, submeti os originais ao Mário Moura, titular da prestigiosa editora Fundo de Cultura, que editou meu livro, em 1966, em sua *Coleção perspectiva de nosso tempo*, ao lado de autores como Celso Furtado, Sidney Hook, John Kenneth Galbraith, Peter Drucker e Raul Prebicsh. (O livro foi muito bem resenhado na imprensa brasileira, principalmente por Zuenir Ventura, na revista *Visão*.)

Achei perdoável introduzir neste ensaio, gratuitamente, essa curiosa ocorrência.

Sim, amigo leitor, creio ter sido razoavelmente bem-sucedido naquela obra em delinear aspectos políticos, econômicos e psicossociais da enclausurada União Soviética (distorcidos e escamoteados pelas contendas históricas e pela Guerra Fria), lançando mão de elementos implícitos em sua formidável comunicação de persuasão, vale dizer, em sua propaganda.

E o fiz acompanhando as mudanças dessa propaganda ao longo das transformações, profundas e substanciais (ao contrário das alegações partidárias e das aparências), da "monolítica" Rússia comunista: desde os "tempos heróicos" da Revolução de Outubro, passando pelo pesadelo totalitário stalinista, até a relativa distensão e as reformas da era Kruschev – que depois, como se viu, prolongaram-se mornamente, num equilíbrio precário e decadente, por quase trinta anos, até a degringolada final do regime, em 1991. Transformações ditadas por sua base político-econômica, por sua ascensão à posição de potência nuclear – sempre a sentir-se sob ameaça de aniquilação –, e que apareciam estratificadas nos códigos de sua propaganda avassaladora.

Propaganda que, por sua vez, dava a chave, como me pareceu, para uma interpretação mais fidedigna do Colosso soviético.

Alguns anos mais tarde, tive oportunidade de debater esse critério de interpretação com o professor Paulo de Castro, de formação marxista, na época um de nossos melhores comentaristas internacionais, autor de importantes livros, alguns também publicados em *Perspectivas de nosso tempo*. Apresentei-lhe, então, quatro teses pertinentes, que reproduzo, com algumas atualizações, mas ainda impregnadas de considerações da época:

1 Propaganda não é apenas um meio específico de comunicação. É um meio que desenvolveu (ou foi historicamente obrigado a desenvolver, em função de seus compromissos com a economia verbal e o interesse de persuasão) uma semântica própria, uma simbologia específica.

Por exemplo: se acaso se quer anunciar um produto popular cujo inconveniente fosse, digamos, certo acanhamento estético, bom recurso seria afirmar, acintosamente, que ele é _bonito_ – e superar, de golpe, por um processo próprio, o problema. Não se fala em _segurança_ em anúncios de companhias de aviação, ainda que seja este o ponto nevrálgico para a decisão de muitas pessoas de voar ou não: é forma de encobrir (por omissão) aspecto problemático da realidade de se estar num veículo que pesa milhares de toneladas a 10 mil metros de altura. Se falo em segurança, "quero dizer" catástrofe (por isso, "segurança" é palavra excelente para anúncios de seguros). Se falo em paz, "quero dizer" guerra. A maciça propaganda pela paz, na União Soviética, por exemplo, era antes de tudo – como disse em meu livro – , uma propaganda de guerra, adaptada às circunstâncias específicas da sociedade soviética. "Não quero dizer que seja uma propaganda _a favor_ da guerra, mas sim uma propaganda de preparação para a guerra eventual e mesmo provável. É psicologicamente uma das mais poderosas e eficientes propagandas de arregimentação para a guerra."

2 Em todas as obras que me vêm às mãos sobre interpretações de movimentos históricos de massa, raramente encontro, por parte de seus autores, familiaridades com essas leis e recursos de persuasão. Parecerão muito simples, primários, grosseiros? Pensemos duas vezes: já foram gastas, em pesquisas e testes de validade dessas proposições, importâncias incomparavelmente superiores às despendidas por todos os sociólogos do mundo. Essas premissas são bastante divulgadas em compêndios que só interessam, a valerem as aparências, aos profissionais do *métier* (que, por sua vez, raramente se propõem a encarar problemas de caráter ideológico ou meramente político). As interpretações de movimentos de massa ficam, assim, quase sempre, como exercícios puramente acadêmicos – mas, mesmo quando brilhantes, sentimos, em face de certos fenômenos contemporâneos, falta de conhecimentos para a "tradução" de sua cosmovisão, pré-fabricada pela propaganda. Isso porque é ela, propaganda, linguagem que, embora dirigida, por definição, ao maior número de pessoas, tem sua lógica ditada, muitas vezes, por verdadeiro esoterismo profissional.

3 Essa técnica de interpretação não é, evidentemente, uma ciência acabada, como a hieroglifologia, de vez não podermos "traduzir" um *slogan*, por exemplo, independentemente dos fatores históricos, políticos, econômicos e sociais do meio em que surgiu. Acrescento, atualizando esse texto para 2005, que tal "tradução" nada tem que ver com as premissas do estruturalismo, tampouco da semiótica de

Ferdinand de Saussure, muito menos com os complicadíssimos cânones da desconstrução de Jacques Derrida. Mas é abordagem que serve, em minha opinião, de valioso sistema de orientação, sobretudo em estudo comparado, isto é, tomando por objeto longa série cronológica de providências publicitárias, divulgadas por uma sociedade onde a propaganda exerça papel preponderante.

4 No mundo ocidental, pelo menos nas nações de capitalismo avançado, a massificação da comunicação pública (liderada pela propaganda do consumo) liquidou com a ficção social do século XIX. Em vez dos proletários emancipados de Marx, ou dos geniais senhores de Nietzsche, afirmam-se hoje espécimes inéditos na história da Humanidade, e de peso sociológico não sei se totalmente qualificado: os adolescentes, as donas-de-casa, os *organization men*, os *yuppies* (e, acrescentaria hoje, os participantes da nova *white overclass*). Os primeiros ditam parte da estética do mundo (e não me refiro à moda psicodélica, ou ao desenho dos novos carros, mas sim a inúmeros movimentos artísticos contemporâneos); as donas-de-casa serviram em outros feitos, como elemento de choque (emocional) competente o bastante para ajudar a derrubar o governo legal do Brasil, em 1964 (e não se tratava de "militarização da mulher",

• AGÊNCIA DE PROPAGANDA E AS ENGRENAGENS DA HISTÓRIA •

como logo rotulou uma esquerda simplória, mas um fenômeno que bem poderia receber estudo mais cuidadoso); os
últimos são, entre outras coisas, o próprio tecido conjuntivo
do poder nos Estados Unidos.

São quase todos massa (não obviamente a *overclass*),
alvo de pressão ideológica (vale dizer, da propaganda) desde o nascimento, cada qual reagindo, por si mesmo, a um
mundo em transformação, revendo padrões de comportamento e julgamento que lhe são continuamente apresentados e renovados, num processo em que a contradição está
sempre presente e a dialética raras vezes é visível. Processo,
contudo, com um dualismo nítido suficiente para que foca-
lizemos também várias preocupações e "chaves" psicológicas dos autores dessa massificação, diante das mesmas
transformações que tornam o admirável mundo em que vivemos, afinal, inseguro para todos.

Atenção, por favor: não estou mais defendendo hoje,
ipsis litteris, essas quatro abordagens.

Reconheço que seus princípios tiveram muito mais
procedência quando aplicados à União Soviética: potência
quase hermética, refratária a qualquer abordagem socioló-
gica interna fora das ficções do Partido. Ela se apresentava,
publicitariamente, como coesa, orgânica e homogênea,

desde a Revolução Leninista até Brejnev, numa gloriosa marcha determinista rumo ao socialismo e à redenção – quando, na verdade, era atravessada por transformações estruturais profundas. Para um mundo assim fechado, império da censura, sua própria propaganda, interna e externa, era fator que nos dava, muito nitidamente, comprovações dessas transformações. Já quanto ao mundo ocidental moderno, aberto a todas as correntes e críticas visando à sua auto-análise, reconheço que esse método será menos ineditamente revelador, e muito mais redundante.

Contudo, estou tentando mostrar como é defensável a tese de que a propaganda, qualquer que seja, possa ser campo para um tratamento científico, acadêmico e multidisciplinar muito mais amplo – principalmente se conduzida por profissionais do *métier*, motivados e bem informados.

Mas vamos em frente.

Focalizar a agência de propaganda, ainda que superficialmente, como foi feito no início do presente ensaio, é como focalizar, com uma lupa, a retícula de uma reprodução em *off-set* de uma tela, digamos, de Hieronymus Bosch.

Somente distanciando-se progressivamente dessa focalização é que temos chance de apreciar o panorama em que ela se insere.

Vamos dar então o último passo para trás, ou melhor, para cima, de forma a conseguirmos o que penso ser a mais ampla visualização desse curioso microcosmo empresarial, no complexo histórico global de nossos tempos.

A partir do fim da Primeira Guerra Mundial – conflito que não só levou à extinção quatro impérios dinásticos (Hohenzoller, na Alemanha; Habsburgo, na Áustria-Hungria; Romanov, na Rússia; e Otomano, no sudeste da Europa e Oriente Próximo), como ainda enfraqueceu irremediavelmente os poderes coloniais (Inglaterra, França etc.) e, segundo historiadores contemporâneos, deu início ao século XX –, três grandes nações, por seus recursos demográficos e seu potencial econômico, industrial e militar, passaram a ocupar a cena, em disputa pela hegemonia do sistema-mundo: Alemanha, Rússia e Estados Unidos (não necessariamente nessa ordem de importância; em termos históricos, diria: Alemanha e Estados Unidos, desde 1870).

Essa disputa acirrou-se na década de 1930, com a Alemanha totalitariamente nazificada, Stalin senhor absoluto de um império monolítico, e os Estados Unidos a cargo de Franklin Roosevelt, talvez seu maior presidente, um dos poucos líderes americanos que anteviu, nesse jogo de forças, não só a chance de debelar a cruel depressão econômica do país, como de se espraiar num domínio planetário (como sabemos que conseguiu).

Duas dessas potências que acaso se aliassem contra a terceira, e esta certamente estaria com os dias contados (como também sabemos que aconteceu).

A Segunda Guerra começou, em 1939, com a declaração de guerra pela Inglaterra e França à Alemanha, não tanto porque esta invadira a Polônia, mas sim, numa interpretação difundida e coerente, porque o fez *após* (oito dias) sua repentina e até então inimaginável aliança com a Rússia. Antes, as duas democracias capitalistas aceitaram que a Alemanha, ferozmente anticomunista, anexasse a Áustria e invadisse a Tchecoslováquia, numa expansão que parecia seguir contra a Rússia vermelha. Seguiu foi contra elas: em 1940, após a derrota fulminante da França, e já de posse da Holanda, Bélgica, Dinamarca e Noruega – Hitler ganhara a Guerra! À Inglaterra, só restava a esperança heróica de sobrevivência, não se sabe por quanto tempo, mas nenhuma de vitória isolada.

Então, no ano seguinte, Hitler invade a Rússia em junho, e em dezembro declara guerra aos Estados Unidos – num ensaio do tiro na cabeça que efetivamente daria quatro anos depois!

O historiador John Lukacs demonstra que, desde os grandes fiascos alemães na estepe russa, em 1942, até *dias* antes desse tiro na cabeça, toda a nova estratégia militar de Hitler passou a versar sobre a possibilidade esperançosa de um rompimento entre Washington e Moscou[33].

Não deu. Cinco dias antes do tal tiro, numa Alemanha devastada – mas que tivera a supremacia dos melhores exércitos e generais, a mais eficiente e criativa estratégia, principalmente em tanques, a invenção e tecnologia única de foguetes, submarinos de longo alcance, blindados submersíveis e aviões a jato, bem como a capacidade eventual de construir a bomba atômica – , tropas soviéticas e americanas trocavam previsíveis apertos de mão em Torgau, no Elba, a apenas 75 milhas de uma Berlim em ruínas. (Credo, como estamos longe de um ensaio "normal" sobre agências de propaganda!)

Agora, vejamos: até os anos 1940, o Ocidente se engalfinhava numa confrontação entre dois universos totalitários, fundidos em si mesmos, cada um por perversões da cultura européia, e coagulados em torno de mitos estupendos, como, de um lado, os da "raça", do "espaço vital" e do *Fürherprinzip*; e, do outro, os do "internacionalismo proletário", do "marxismo" e do "socialismo" (não importa se a anos-luz do que Marx imaginara).

Os Estados Unidos desembarcaram nesse conflito "europeu" com uma bandeira política muito mais atraente e muito mais universalista que a dos outros dois: a democracia liberal (nem o nazismo nem o stalinismo eram universalistas, mas, muito pelo contrário, fanaticamente nacionalistas, centrados em suas matrizes).

Poderia se alegar que a democracia já era, de longa data, praticada em países europeus, principalmente Inglaterra e França, litigantes também contra Alemanha e Rússia. Mas isso era mera característica interna de cada nação. Foi Roosevelt quem tornou a democracia, desde o início de seu governo, estandarte de uma cruzada, vale dizer, justificativa moral da expansão americana subseqüente.

Marcuse e outros de igual calibre consideram essa democracia, na forma como seria doravante equacionada, igualmente totalitária. Mais cordato, Kenneth Boulding lembra, em sentença de que hoje poucos discordarão, que "um mundo de ditadura oculta é concebível, ainda que com o emprego das formas de governo democrático"[34]. Discutir isso aqui seria muito complicado. Pacificamente, há que reconhecer que, no que se refere ao panorama histórico, a democracia americana (com todos os seus defeitos, mas também pelo valor de seus princípios, de suas instituições, de sua tradição jurídica) sempre foi incomparavelmente superior, vista de qualquer ângulo, a qualquer totalitarismo "clássico". É regime que ainda reserva, mesmo que em maré vazante, amplo espaço ao melhor já conquistado pela humanidade, social e politicamente, desde a Renascença.

Contudo, não me furto a notar que essa utilização salvacionista, publicitária, pelos Estados Unidos, do mito da democracia, a encobrir seus invariáveis interesses nacionais, ficou mais uma vez evidente na recente invasão do Iraque (contra a postura da ONU e da opinião pública mundial) sob pretexto de libertar, de um tirano cruel, um país que flutua sobre um mar de petróleo.

Não por coincidência, os três gigantes que se apresentaram, após a Primeira Guerra, para decidir a hegemonia do sistema-mundo vieram armados, cada um, de gigantescas máquinas de propaganda.

Tratava-se, na verdade, dos três maiores Leviatãs de propaganda que a humanidade já conheceu.

Todos os três expansionistas, todos os três ferrenhamente *ideológicos*, todos os três portadores de ambiciosos projetos visando à adesão (diria mais: todos os três empenhados em preencher, com "falsa consciência", o vácuo espiritual causado historicamente pela Revolução Industrial e pela aparição das massas).

Dois deles, contudo, "europeus", eram nítidas superestruturas do capitalismo de produção, já então em declínio, e mostravam-se organizados como numa fábrica arcaica, do início do século. A melhor foto que eu sugeriria, para a capa de novos livros que os pretendam estudar, seria, num caso, a de uma apinhada e disciplinada Reunião de Nuremberg, sob dísticos da suástica; e, no outro, a de uma apinhada e disciplinada Parada de 1º de Maio, em Moscou, sob painéis de Marx, Lenin e Stalin. São ambas visões de uma rígida e obsoleta arregimentação industrial.

O terceiro projeto, muito mais moderno, fluido, flexível e sofisticado, surge como superestrutura de um capitalismo muito mais avançado, e sequer tem local emblemático de exibição: mesmo a visão de um apinhado (mas não disciplinado) *shopping center* de Nova York, às vésperas do Dia dos Namorados, não passa de fragmento infinitesimal de sua planetária penetração.

Mas, todos os três, projetos gigantescos de adesão e controle social.

Em 1962, um escritor comunista reconhecia que "a União Soviética faz mais propaganda ideológica do que o Ocidente". Tomava ele, na certa, por propaganda ideológica a eventual propaganda das instituições liberais ou a propaganda anticomunista. É um equívoco. A verdadeira propaganda ideológica do Ocidente sempre foi a grande propaganda comercial, a propaganda do consumo. As outras nunca passaram de meras mensagens institucionais, libelos panfletários, ou "provocações" pontuais, todas sem muito efeito, no quadro da Guerra Fria.

Em inglês, o termo "propaganda", tratando-se de propaganda política, é traduzido igual por *propaganda*, enquanto, tratando-se de propaganda comercial, por *advertising*. Em alemão, essa diferenciação exprime-se por *Propaganda* e *Werbung* (em fins de outubro de 1933, Goebbels baixou lei na Alemanha dispondo que a palavra *Propaganda* passasse a uso exclusivo do governo nazista, vale dizer, das armações de seu Ministério). Na mesma linha, temos, em francês, *propaganda* e *publicité*, fenômeno que se repete em italiano e espanhol. Desconheço as razões etimológicas e lingüísticas para essa duplicidade em tantos idiomas. Fosse de origem única, seria de desconfiar de uma providência orwelliana no sentido de inocentar a estupenda propaganda comercial, como a conhecemos, de conotações tão ideológicas quanto as da propaganda política, apenas mais cativantes e sutis. Reconheço que escrever o presente ensaio em português, talvez a única língua que estabeleça identidade vernacular entre as duas "propagandas", me favorece muito.

Talvez todos os três projetos sejam mesmo de vocação totalitária.

O século XX foi assombrado, entre muitos fantasmas, por duas novelas de conteúdo intencionalmente premonitório, ambas britânicas, de boa literatura – na verdade, as duas maiores antiutopias que se conhece: *1984*[35], de George Orwell, e *Admirável mundo novo*[36], de Aldous Huxley.

A primeira, escrita em 1947, descreve uma sociedade sob *controle total*, descrição que, reconhecidamente, projetava ao extremo as práticas em vigor do stalinismo. O ano de 1984 passou sem que talvez nada de *1984* tivesse se realizado (além do que, apenas sete anos mais tarde, a potência que inspirara aqueles horrores deixava de existir).

Já o *controle total* do livro de Huxley, escrito muito antes, em 1931, foi inspirado na nova paisagem emergente, muito mais sofisticada, que já se antevia na época. Ele nos fala de "uma escravidão satisfeita e alienada". Embora em ambos os cenários as pessoas estejam sob controle total do Estado, em *Admirável mundo novo* o Estado provê prazeres contínuos aos cidadãos, como substitutos da liberdade.

Vinte e sete anos mais tarde, Huxley, perante inúmeros indícios que confirmavam suas previsões, fez questão de se autocongratular em novo livro: *Retorno ao admirável mundo novo*[37] (que inclui interessante capítulo: "A arte de vender").

AGÊNCIA DE PROPAGANDA E AS ENGRENAGENS DA HISTÓRIA

Essa diferença histórica entre capitalismo de produção e capitalismo de consumo é que distingue, de certa forma secundária, os grandes arroubos da propaganda nazista ou soviética das campanhas contínuas e globais criadas por essas operosas células do Partido Consumista: as agências de propaganda.

É significativo que a primeira de tais células na História – a primeira a planejar, criar, produzir e veicular anúncios, além de estipular suas comissões em 15% (até hoje, de modo geral, praticadas no mundo inteiro e disparadamente as mais altas do capitalismo) –, a N. W. Ayer & Son, da Pensilvânia, tenha sido fundada em 1869, apenas quatro anos após o desfecho da Guerra Civil Americana, que integrou a ferro e fogo os Estados Unidos e lhes deu as condições de se tornar a potência que conhecemos.

No ano seguinte, do outro lado do Atlântico, outro desfecho, o da guerra franco-prussiana, seguido de outra integração, a da Alemanha sob o Segundo Reich, e de sua vertiginosa industrialização financiada pelas indenizações francesas, fez emergir o segundo pólo que pleitearia a hegemonia do sistema-mundo no século XX. Mas esse pólo, batido mas não liquidado na Primeira Guerra, só viria a conceber uma ideologia publicitária diferenciada e dinâmica a partir de meados da década de 1920, com aqueles senhores da suástica a quem já fomos apresentados.

O terceiro pólo, já nos contrafortes da Ásia, vagamente esboçado em 1917, somente se aglutinaria a partir de 1928, com a conquista do poder total por Stalin, o lançamento do Primeiro Plano Qüinqüenal, a coletivização forçada da agricultura, a largada para a industrialização pesada a toque de caixa (aumento de 10% na produção de aço no primeiro ano, bem como duplicação das fábricas de implementos agrícolas), a arregimentação compulsória de "braços e mentes", o terror policial e a massificação publicitária.

Enquanto isso, voltando ao primeiro pólo, seu projeto ideológico, no que se refere a coerência econômica e sedução de massas, evoluía muito mais discreto, espirituoso, "democrático", mas não menos abrangente e eficaz. Nas décadas de 1900 a 1930, atuando como "parceiros de venda", as agências de propaganda assumem, nos Estados Unidos, controle quase total dos negócios de seus clientes, envolvendo-se inclusive no desenvolvimento de produtos, cálculo de preços e embalagem. Muitas vezes eram pagas com ações das próprias empresas a que serviam. Como um todo, desabrocharam no imaginário coletivo, com fantasias atraentes e veiculação maciça, o sonho americano de abundância e consumo, que soube sobreviver, de forma latente, mesmo durante a Segunda Guerra ("Há um Ford no seu futuro").

Encerrada essa guerra, com as pretensões hegemônicas alemãs finalmente esfaceladas, e as soviéticas, com seus primários apelos coletivistas, praticamente sob quarentena, o projeto de massa econômico-psicológico dos Estados Unidos espraiou-se pelo "mundo livre". O novo capitalismo, triunfante, descerrou a constelação cultural de autojustificativa ideológica – que também estamos fartos de conhecer.

Sintomático de uma falência filosófica é que, nos três casos, as criações desses Leviatãs de propaganda prometiam (e ainda prometem muito, no caso sobrevivente) "felicidade". Um, pela supremacia do *Volk*, pela eugenia da raça, pelas possibilidades de um "espaço vital" a ser conquistado na Europa e no mundo[38]; outro, pelo internacionalismo proletário, pelo igualitarismo de classes, pela abundância que adviria da socialização dos meios de produção, na Rússia e no mundo ("Raia no horizonte a sociedade comunista perfeita").

Quanto ao terceiro, bem, o que o leitor acha? Sua perspectiva de "felicidade" é muito mais simples, pragmática, imediata... se você e sua família tiverem dinheiro para comprar eternamente as coisas certas.

Marx e Engels sabiamente se abstiveram de descrever como seria a sociedade comunista no futuro. O pouco que disseram "parece ser o resultado, sem comunismo, daquela produção social de abundância quase ilimitada e daquele miraculoso progresso tecnológico que eles esperavam para um futuro indeterminado, mas que hoje em dia vemos como algo normal"[39]. Contudo, jamais poderiam imaginar sobre que alicerces psicológicos essa abundância prevaleceria, fluiria.

Em cartazes de propaganda soviéticos e americanos vêem-se criaturas sorridentes, felizes, as primeiras levando, por exemplo, um generoso feixe de trigo maduro, colhido em fazendas coletivas, e as outras, por exemplo, um atraente pacote de biscoitos crocantes e vitaminados (por coincidência, produto de consumo do trigo).

No entanto, as diferenças estruturais, ideológicas (ainda que secundárias), entre as duas idealizações são imensas. É notório que o capitalismo de consumo pretende fazer que as pessoas sintam-se permanentemente insatisfeitas com o que já possuem: em 1960, um diretor de publicidade de Milwaukee, citado por Vance Packard, já notava que "os Estados Unidos estavam se tornando grandes pela sistemática criação do descontentamento"[40]. Enquanto isso, o capitalismo estatal soviético, de produção, sempre pretendeu o oposto: nele, não havia muita preocupação quanto a bens para atender à demanda, não havia biscoitos em promoção, aliás, não havia nada em promoção, cada um que trabalhasse feliz com o que possuísse, ainda que pouco.

Já os únicos cartazes nazistas que conheço com figurantes sorridentes e descontraídos são, curiosamente, peças de propaganda de guerra, destinados a países ocupados: mostram alegres soldados da *Wehrmacht* a confraternizar com populações locais, também muito sorridentes, presumivelmente não judaicas.

Há outras diferenças, agora de natureza psicológica, mas também secundárias: as propagandas nazista e soviética, em suas promessas de "felicidade", as calçavam numa MORALIDADE (embora deturpadíssima). A terceira calça essa mesma promessa no PRAZER (embora fugaz).

As duas primeiras pressupunham uma férrea DISCIPLINA, mental e comportamental; já a terceira, quase nunca autoritária, muito mais coloquial e sedutora, incentiva, ao contrário, sutil PERMISSIVIDADE (espera, quando muito, "fidelidade a uma marca"). Mas é também, de forma difusa, rigidamente exclusora quanto às premissas gerais do próprio sistema.

Hitler, em um de seus mais célebres pronunciamentos, prometeu um marido a cada mulher alemã. Reconheça que, no que se refere a promessas sexuais, a propaganda comercial é muito mais generosa...

E há também um substrato filosófico e religioso em todas as três:

1 A propaganda nazista, a mais "religiosa", ainda que possa incluir vislumbres de crenças germânicas arcaicas, alimentava-se do messianismo ariano e do luteranismo alemão.

2 A propaganda soviética, sob um verniz utópico-igualitarista, subproduto do racionalismo europeu do século XIX, exprimia forças sobreviventes do bizantinismo e da ortodoxia religiosa russa.

3 Já a propaganda americana de consumo, no caso a mais desprovida de raízes históricas, constitui – depois de ter conseguido suplantar o puritanismo protestante da América – exemplo redivivo do hedonismo pagão.

E, se ainda me fosse proposto diferenciar os núcleos psíquicos mais irredutíveis, evocados e trabalhados pelas três (deixando de fora, claro, a propaganda de guerra, área em que todos os exemplos de qualquer país de modo geral se equivalem), me arriscaria a indicar:

1 Pela propaganda nazista: êxtase e domínio.
2 Pela propaganda soviética: coesão e redenção.

3 Pela propaganda de consumo: incompletude e auto-indulgência.

O Leviatã nazista explodiu em 1945, num *Götterdämmerung* flamejante, enquanto o Leviatã stalinista, depois de alguma cosmética e de longa e incurável enfermidade, implodiu em 1991.

Roosevelt talvez se assustasse se visse a que dimensões chegou o sucesso de seu projeto! Nos últimos 15 anos, sem qualquer outra nação remotamente rival em termos militares, os Estados Unidos, que há menos de um século tinham exército menor que o de Portugal e da Bulgária, e cujas tropas, durante a Primeira Guerra, quando foram reforçar os Aliados, precisaram receber armas e uniformes dos franceses, excedem seu papel de única superpotência e partem para a onipotência (pretensão que pode ser também sinal de seu declínio na hegemonia do mundo)[41].

Ainda que comercialmente contestados, e freqüentemente batidos em inúmeras áreas do globo (e atolados militarmente no novo Vietnã que arrumaram no Iraque, e lhes custa entre 5 e 8 bilhões de dólares por mês), o triunfo de seu ideário consumista, de seu "modo de vida", das premissas e dos mitos de seu Leviatã publicitário é incontestável, absoluto, universal: seja na União Européia ou na China em ascensão – seja no Japão "milenar", na América Latina ou em uma aldeia africana... se os meios de comunicação conseguem chegar até lá. Uma totalidade cultural sugestivamente definida, por Benjamim Barber, como McMundo[42].

Essa triunfante cultura, dinamizada pela mais avançada tecnologia, é uma cultura profundamente massificada, tanto quanto a pretendida pelas outras duas massificações já extintas. Ela é massificada em sua área produtora, pela fabricação de produtos *standards* – inclusive grande número de bens anunciados como "inéditos" e "revolucionários". E massificada em sua área consumidora, pela fabricação de personalidades *standards* – inclusive grande número de aparentes "individualistas".

A chamada criatividade na mídia, suas novidades, suas bolações – na imprensa, televisão, em filmes, na propaganda –, é o grande, único, último charme que resta a enormes contingentes humanos de nossas sociedades. Podemos reconhecer que, hoje, milhões de pessoas ouvem mal, falam mal, vêem mal, lêem mal, sentem mal. A criatividade tecnológica, cobrindo de lantejoulas a comunicação de massa, é uma fagulha de vida, de emoção, de desafio no mundo cinzento em que tantos vivem. Mas não o transcende. Ao contrário, é fundamentalmente – tecnocraticamente – pragmática, manipulativa, ideológica. Pretende (e tem conseguido) o controle social e a adesão. E de forma muito mais eficaz, porque muito mais sofisticada, sutil e divertida que a de seus antecessores. Hitler e Stalin babariam de inveja.

E a coisa não fica nisso. Ao redor do mundo, o espetáculo sedutor e ininterrupto da propaganda de consumo, inserido nos meios de comunicação, corre paralelo, em maior ou menor grau, à manipulação de notícias e comentários, por esses mesmos meios, quanto a grandes crises e questões nacionais e internacionais. O processo foi recentemente muito bem documentado por Edward S. Herman e Noam Chomsky, em seu criterioso (e volumoso) *A manipulação do público*[43], como ocorre nos Estados Unidos – mas, por patente intercomunicação, no resto do planeta.

O livro, indispensável a quem se interesse, com seriedade, por comunicação de massa e pelo grau de confiabilidade com que a mídia o mantém informado sobre os principais problemas políticos mundiais, comporta, contudo, em face do que estamos abordando, quatro observações que em nada desmerecem a validade da obra: 1) Sua denúncia central, no sentido de que "a grave tendenciosidade das notícias" está "em conformidade com as prioridades da elite" (página 56), e de que a "mídia é utilizada para os fins de uma elite dominante" (página 62), sem dúvida é crucial, mas apenas para quem esteja tomando contato com esse gênero de fenômeno pela primeira vez; para outros, será quase acaciana; 2) Os autores ressaltam, corretamente, o papel dos anunciantes e das agências de propaganda no estabelecimento desse sistema, de "ubíquo comercialismo", entre outras razões por serem, anunciantes e agências, os maiores financiadores da mídia de massa – mas não falam nada (talvez porque fugiria de seu tema central) sobre o *conteúdo* explícito das mensagens que tais anunciantes e agências enxertam continuamente nessa mídia, exceto, e em apenas dois momentos da Introdução, por alguns efeitos colaterais, como "a fascinação, até mesmo a obsessão, da juventude de classe média em todo o mundo por marcas e produtos de consumo" (página 15), e "a substituição de uma esfera política pública por uma cultura de consumo despolitizada" (página 19); 3) Os autores, apenas uma vez e numa única linha do primeiro capítulo ("Um modelo de propaganda"), abordam a existência de uma faceta *complementar* a essa manipulação da mídia, quando mencionam que "visões dissidentes passam a conflitar com um credo preestabelecido" (página 93). Esse credo de massa, de leitores e telespectadores "vorazes em acreditar", tem, possivelmente, nos Estados Unidos, raízes religiosas, puritanas e salvacionistas, além de outros componentes históricos; reconheça-se, no entanto, que, particularmente nesse país, há, sim, acesso a fontes de informação muito mais fidedignas, fora das grandes redes de divulgação de notícias, por quem esteja de fato interessado em uma interpretação mais verídica e imparcial do mundo (o que os autores no final também reconhecem); mas essa busca exige vocação individual para pensar autonomamente, e, concordo, está longe de ser uma iniciativa *de massa*; 4) Os autores demonstram, por meio de uma sucessão de casos minuciosamente documentados, que a facciosa cobertura jornalística americana de acontecimentos e crises relevantes serve à defesa dos interesses do Império, da estratégia da então Guerra Fria, da política empresarial de globalização e do ideário do neoliberalismo econômico; insistem no aspecto *ideológico* dessa defesa; penso, sem refutar em nada tais maquinações, que o aspecto verdadeiramente *ideológico* do sistema esteja na cornucópia de bens oferecidos pela propaganda comercial nessa mesma mídia. É sua visibilidade (que inclui uma viabilidade teórica) de abundância, sucesso pessoal, consumo infinito, sonho e prazer que consolida, *ideologicamente*, o sistema. Assim, os autores denominam, em todo o livro, a parcialidade camuflada dos grandes veículos jornalísticos na administração de notícias de "modelo de propaganda" a serviço ideológico do sistema; a meu ver, o verdadeiro "modelo de propaganda" a serviço ideológico do sistema *é a própria propaganda*.

Sim, o sistema funciona, ou tem funcionado maravilhosamente bem. Ele está hoje, a rigor, não mais em poder único da última superpotência, mas da empresa globalizada, cuja estonteante mobilidade por todo o planeta deixou para trás a imobilidade dos sindicatos, bem como a territorialidade do governo de qualquer país. E tal empresa não precisa agora vender apenas conceitos, juntamente com sabão em pó: precisa incessantemente vender e revender a si mesma.

No seu discurso político, vale dizer, o discurso da globalização, muito se tem escrito e falado sobre a soberania do consumidor. Em tese – belíssima tese – , o setor produtivo ofereceria bens na medida dos desejados pelo mercado, no caso, nós, o povo. Mas conhecemos hoje o funcionamento real da economia para compreender que, durante a maior parte do tempo, o consumidor é uma figura decorativa[44].

O redator da moderna agência de propaganda vende alegria, felicidade, auto-estima, glória, drama, excitação e, juntamente com essas emoções, algum artigo de alguma empresa. Mas cada vez mais esse artigo é a própria empresa. Cada vez mais as grandes empresas estão fazendo propaganda de si mesmas, às vezes mal mencionando o que vendem, o que lhes é suficiente em face da pouca opção do mercado. Assim, a tendência moderna na propaganda, em contraste com o que

AGÊNCIA DE PROPAGANDA E AS ENGRENAGENS DA HISTÓRIA

acontecia há 50 anos, é dizer tão pouco quanto possível sobre o que há de substancial em qualquer produto[45].

Naturalmente, o consumidor terá de pagar os custos desse trabalho de sedução. As despesas de publicidade são devidamente transferidas para ele sob a forma de aumento de preços. Uma vez que quase não há alternativa aos produtos vendidos pelos oligopolistas, e eles não promovem abatimento de preços, o cliente não tem escolha, exceto pagar. O efeito é, naturalmente, inflacionário. Harry Skornia, antigo presidente da National Association of Educational Broadcasters, diz que não conhece caso algum de redução de preços após uma campanha de publicidade bem-sucedida, a despeito da alegação costumeira de que a publicidade reduz os custos ao consumidor porque amplia o mercado. O consumidor, dessa maneira, paga por "serviços" de comercialização que não solicitou e não lhe fazem o menor bem visível – na verdade, um imposto oculto, gravado pela indústria. O argumento de que a publicidade "informa" os consumidores está se tornando cada vez mais difícil de ser conciliado com os fatos.

O consumidor paga também de outras maneiras. Campanhas de comercialização espetaculares que vendem as excitações vicárias do sexo, do perigo, ou a tranqüilidade de um regato de montanha não só desviam a atenção da qualidade do produto, como, principalmente, consolidam a ideologia de um mundo de abundância, sucesso pessoal e prazer, amplamente prevalecente no *shopping center* global. Essa ideologia começa a ser implantada desde tenra idade: "A futura ocupação de todas as crianças de hoje" – remarca o sociólogo David Riesman, em sua mais importante e clássica obra – "é ser consumidor especializado".[46]

E paga ainda em termos morais. Comercializando o mito de que os prazeres do consumo podem servir de base à comunidade, a propaganda moderna (para quem a absorve ideologicamente) contribui para destruir as possibilidades de uma comunidade autêntica – o dar de si de um ser humano a outro. Como observa William Shramm, valores tradicionais como religião, gentileza, relaxação, lazer criativo etc. são postos de lado em favor de valores importados de programas de TV produzidos nos Estados Unidos – a excitação do sucesso, a excitação da violência, a excitação do consumo. E é esta última, nos "intervalos para nossos comerciais", que tece o pano de fundo de tudo.

O lazer numa praia tornou-se subproduto de um cartão de crédito; a confraternização entre adolescentes só ocorreria em torno de uma cerveja específica; o amor maternal prende-se à preferência por determinada margarina; a eterna aventura romântica resulta agora não tanto da atração entre as partes, mas do tal carro novo por parte dele, ou do tratamento cosmético certo por parte dela; o sucesso de profissional criativo e dinâmico acontece por obra da marca precisa de computador, ou de *software*, ou de lâmina de barbear, ou de relógio suíço, ou do terno ou dos sapatos anunciados; a harmonia conjugal passou a ser dádiva da revolucionária lavadora, do plano de viagem financiado, da cozinha reformada com a cerâmica líder, da tinta de parede inexcedível, dos metais sanitários comoventes ou das lingüiças e ervilhas em promoção; mesmo uma divertida e improdutiva pescaria com os netos depende do plano de saúde que está por trás, enquanto a paquera entre jovens, sem mais outra razão para ocorrer desde que o mundo é mundo, gravita agora ao redor de um refrigerante, ou empresa de celular, ou saco de guloseimas, ou sandálias de borracha, ou aparelho de som, ou câmara digital, ou roupa esporte, ou aromatizante bucal, ou chocolate crocante; a prática descomprometida de uma corrida no parque passou a ser assunto para caríssimo tênis profissional; e até o deslumbramento do parto e da lactação, ou a tranqüila intimidade familiar, ou as emoções de pais verem os filhos crescer naturalmente condicionam-se à existência de conta no banco "que vela por você".

Toda a vivência humana, espontânea e gratuita, atrelada ao mercantilismo imediato.

E sequer a obtenção de todo esse dilúvio de artigos conquistaria a "felicidade", acenada continuamente pela propaganda de consumo. Bernice Allen – uma voz autorizada entre milhares – chama a atenção de que "não temos prova de que o aumento dos bens materiais, como maior quantidade de automóveis e instrumentos, tenha tornado alguém mais feliz: de fato, a evidência parece apontar na direção oposta"[47].

Acrescenta Fromm:

> Considerações teóricas demonstram que o hedonismo radical (a busca contínua do prazer) não pode levar à felicidade. Mas, mesmo sem análise teórica, os dados observáveis mostram de maneira mais clara que nosso tipo de "procura da felicidade" não produz bem-estar. Somos uma sociedade de pessoas notoriamente infelizes: solitários, ansiosos, deprimidos, destrutivos, dependentes – pessoas que ficam alegres quando matamos o tempo que tão duramente tentamos poupar.[48]

Nas palavras de Celso Furtado, "tem-se comprovado que em países de elevado nível de renda e maior diversidade das formas de consumo, cerca de uma quarta parte da população requer assistência médica psiquiátrica"[49].

Mas aqui peço tempo! De repente, pareço estar engrossando a corrente dos "apocalípticos", dos quais já discordei antes, que anatemizam unilateralmente a propaganda comercial e seus deletérios efeitos globais. Voltemos à tese central: o problema é sistêmico. E nele cabe, sim, amplo leque de opções *pessoais*.

Ninguém é obrigado a se enveredar pelas seduções da propaganda comercial, nem pelo *kitsch* do entretenimento, nem pelas ilusões da ideologia consumista – e isso não levará quem quer que seja "a uma marcha triste rumo à miséria", nem a se tornar *hippie*, se é que tal coisa ainda existe.

Enquanto em vastas regiões da Europa já se chegou a uma motorização praticamente integral, e todas as residências estão abastecidas de aparelhos de televisão, muitos cidadãos distanciam-se, por exemplo, desses ícones da era moderna. Há pouco tempo, a posse de automóvel, televisão etc. dava *status*; hoje, o novo luxo é justamente não precisar tê-los. De vez que as dificuldades de estacionamento e de congestionamento de trânsito excedem o prazer de dirigir, muitos preferem, pelos mesmos custos, residir em lugarejos calmos, perto do centro da cidade, servidos por transportes públicos, a bairros prestigiosos de difícil acesso. Há gente que de bom grado renuncia hoje ao cintilante pseudomundo da televisão em proveito de mais silêncio, cultura gratificante, lazer gratuito e qualidade de vida. Estes não serão jamais vítimas do consumismo nem de suas implicações. "Quem precisa disso?" poderia realmente ser o mais revolucionário *slogan* dos últimos 300 anos[50].

Não se trata, obviamente, de comprar ou deixar de comprar o que se necessita. Trata-se de comprar ou não comprar a ideologia do consumo, insidiosamente entranhada nos meios de comunicação e na cultura de massa. Trata-se de não introjetar, por exemplo, em sua vida concreta, os modelos primários e pasteurizados dos comerciais de TV. Trata-se de não incorporar, como universo acabado, as conceituações existenciais, educacionais, comportamentais e "filosóficas" de um jogo sistêmico com todas as cartas marcadas. E, também, de se manter crítico e defensivo diante da criação inesgotável de novas necessidades, das arapucas do obsoletismo e das exigências psicológicas do conformismo de consumo.

O melhor livro de propaganda comercial que conheço é *Confissões de um homem de propaganda*. Seu autor, o inglês David Ogilvy, depois de trabalhar como ajudante de cozinha em Paris, chegou, entre outros êxitos, a proprietário de castelo do século XII na França, cercado de vinhedos preciosos, além de titular de agência com filiais ao redor do mundo, inclusive no Brasil (*case* típico da mitologia de sucesso capitalista). Interessante é que, no prefácio, numa digressão talvez da natureza de um ato falho, o autor lembre, ainda que para discordar, de alguém famoso que gostaria de fazer "enorme campanha de publicidade em todos os principais jornais; os anúncios consistiriam de uma curta frase, em grandes tipos: '*Nada vale a pena ser comprado*'".[51]

Se mudarmos o *slogan* para "*Nada anunciado vale a pena ser comprado*", a idéia, apresentada como exemplo de anacronismo, torna-se pós-moderna.

Considere o leitor friamente a questão, abstraindo mesmo aspectos psicológicos ou ideológicos: numa sociedade que se caracteriza pela monetarização de tudo, *descobrir* que produto de marca é o mais compensador para você, caso a caso, no que se refere ao custo-benefício e em face de suas necessidades específicas *reais* (não ilusórias, compensatórias, infantis ou em busca de *status*), é descoberta que *vale dinheiro* – o amigo concorda? Se vale dinheiro, não se pode esperar ser dada, dia após dia, totalmente *de graça*, muito menos por quem *paga fortunas* para dá-la – concorda também? Ao contrário, é descoberta só possível (como qualquer outra) por meio de pesquisa criteriosa, às vezes prolongada, às vezes mesmo estreita quando as opções são mínimas. Um único exemplo, talvez muito pontual (e já me arriscando a tornar este texto bastante prosaico): em apenas duas das dezenas e dezenas de farmácias de Copacabana, onde resido, pode-se encontrar certo barbeador descartável, de três lâminas, a preço praticamente igual ou mesmo inferior ao de seus famosos concorrentes, que aparecem eletrizantes em TV ou em anúncios criativos, e se encontram à venda por toda parte, inclusive em bares e supermercados. Este, contudo, de descartável tem apenas o nome: é de durabilidade inacreditável! O aparelho que usei hoje, 10 de outubro, é ainda o mesmo que inaugurei em 1º de janeiro, e me vem servindo *diariamente* desde então. Não, não vou fazer aqui "comercial" de marca alguma. Descubra-a você mesmo, principalmente se for homem (nos dois sentidos da palavra) e se se importar um pouquinho com o custo mensal do seu barbear. Uma única "pista" – escandalosamente óbvia: *este barbeador não conta com recurso algum de propaganda!* Dei apenas um exemplo, algo simplório, de inumeráveis outras alternativas, que podem se abrir a cada caso.

Contrariando minha decisão, ao iniciar este ensaio, de não me enveredar por conselhos, penso que serei útil a meu leitor em lhe submeter a seguinte sugestão: divirta-se quanto quiser com todos os comerciais e anúncios que lhe apareçam pela frente, uns poucos, aliás, notavelmente criativos. Memorize bem, como eles lhe imploram, as marcas que os assinam e mais se repetem – e em seguida, conscientemente, *corte todas elas de sua lista de compras*! Pelo menos na medida do possível. Não tanto pela defesa óbvia de seu orçamento (você estará recusando a se cotizar nos custos dessas caríssimas maravilhas audiovisuais), mas, sobretudo, pela vantagem psicológica dessa decisão *consciente*, para uma vida pessoal mais autônoma.

Qualquer resistência, ainda que íntima e difícil, à cultura *global* do consumismo possui, penso eu, a mesma natureza da resistência, íntima e difícil, na Alemanha ou na Rússia de meados do último século, às encenações do messianismo patriótico nazista ou às exortações maciças do igualitarismo soviético. E jovens que hoje passam a tarde curtindo as atrações coloridas de um *shopping* ou centram suas diversões exclusivamente em torno de produtos de consumo são congêneres perfeitos de outros, já extintos, também muito inocentes, também fascinados pelos vibrantes programas de entretenimento e lazer, e igualmente de formação ideológica, da *Konsomol* soviética ou da *Hitler Jugend*.

Em sã consciência, ninguém precisa ser nem cúmplice nem vítima do sistema – nem de ninguém. O *Homo consumens*, o homem pautado pelas implicações *globais* da cultura consumista, consegue ser as duas coisas. Mas há amplo espaço para a expressão de individualidades mais completas e de opções muito mais saudáveis.

Por outro lado (e parece-me justo lembrar isso de novo), tais expressões – "sã consciência", "individualidades mais completas", "opções mais saudáveis" etc. – serão de enorme irrealismo se remetidas indiscriminadamente a toda a população brasileira, incluindo a tal lavadeira analfabeta de Xapuri, cujo único momento de desafogo é assistir às novelas da noite, entremeadas por seus opulentos patrocinadores; ou a todos os demais segmentos de carência, em maior ou menor grau, de nossa realidade social. Aliás, é difícil até mesmo aquilatar como a propaganda de consumo chega aos abismos dos não-consumidores por exclusão econômica (exceto como incitação, no caso dos mais desesperados, à criminalidade). Certa vez, surpreendi-me, num subúrbio do Rio, com grande número de painéis de *outdoor*, onde se viam beldades glamourosas e diáfanas de uma deslumbrante feira anual da moda, desfalcados de grandes bocados de papel, em folhas coladas umas sobre as outras, pois incluíam papel dos *outdoors* anteriores: explicaram-me que indigentes arrancavam esse papel para usar como combustível. Eis aí uma vitória inédita da propaganda de consumo!

Ao contrário, são suas vitórias *sistêmicas* que estão em foco neste ensaio, vitórias de suas engrenagens já muito bem testadas e aprovadas, e de amplo espectro psicossocial.

Vitórias extraídas de um funcionamento global, com plena cumplicidade de suas vítimas.

Valeria, por isso, divulgar aquela minha sugestão de, pelo menos, banir, *conscientemente*, na medida do possível, produtos intensamente anunciados (se você a achou boa), de forma a começar uma cadeia de resistência ao sistema? Não, amigo, realisticamente não acho. No ponto a que chegamos, o sistema já se tornou ubíquo e arraigado demais, funciona bem demais, para sequer considerar desertores que serão sempre ultraminoritários. Na verdade, estamos todos no mesmo barco, no que se refere às conseqüências objetivas e razoavelmente previsíveis da situação atual. Fica aqui apenas como dica minha para você. Aprecio muito uma frase de Eric Berne: "Ainda que não exista esperança para a raça humana, ela existe para os indivíduos que a compõem".

Sim, o sistema funciona bem demais, inclusive na outra ponta, mas agora dispensando ilusões: o acúmulo de riquezas de seus vitoriosos patrocinadores permite-lhes implantar revolucionários planos de automação e racionalização severa de pessoal. Sempre que uma grande empresa, no mundo desenvolvido, anuncia projeto de *downsizing* (demissões), suas ações disparam nas bolsas [52].

Sabemos: organizações em pleno vigor, altamente rentáveis, algumas anunciantes em horário nobre, praticam, em todo o planeta, demissões em massa. O espetáculo tornou-se esquizofrênico: empresas que muitas vezes fomentam, com verbas astronômicas, o divertido, gratificante e opulento McMundo juram, em suas mensagens institucionais, que são criadoras de emprego, ao mesmo tempo que se gabam de reduzir pessoal. Pessoal que entrará, com a família, por tempo indeterminado, numa amargura bem diferente das cenas felizes de TV. (Somente na Europa do euro, faiscante de ofertas de consumo, há hoje cerca de 30 milhões de desempregados.)

Calcula-se que, no século XXI, 20% da população em condições de trabalhar bastará para manter o ritmo da economia mundial. Para aqueles que conservam o emprego – muitas vezes à custa de achatamento de salários e horas-extras não remuneradas – restam, quase sempre, tarefas monótonas, fragmentadas, sem maiores desafios pessoais, ainda que exercidas sob angustiosa pressão ("turbocapitalismo", na expressão sinistra do economista Edward Luttwak). Desde que a produção tornou-se atividade executada mais eficientemente por alguns do que por muitos, o subproduto da eficiência e do aumento de produtividade é o homem supérfluo, cuja única função é consumir.

AGÊNCIA DE PROPAGANDA E AS ENGRENAGENS DA HISTÓRIA

Sim, o sistema funciona, ou tem funcionado espetacularmente bem, pelo menos para seus beneficiários, na chamada sociedade 20 x 80 que se alastra pelo McMundo.

No entanto, a dialética (conceito politicamente "suspeito" para adeptos incondicionais de qualquer sistema) certamente está dentro de seu prazo de validade. O próprio sucesso de uma tese gera sua antítese. Dentro da explosão da interatividade pós-moderna e dos novos canais independentes de comunicação, a própria propaganda comercial começa a dar sinais de exaustão, e as agências, em sua forma tradicional, como células isoladas (e, pelo que tudo indica, as grandes cadeias noticiosas, como "formadoras de opinião"), vêem hoje seu poder progressivamente reduzido.

E é uma *capitis diminutio* tanto externa quanto interna. Número cada vez menor de profissionais da mídia está produzindo cada vez mais depressa e em maior quantidade, e a nova geração dessa área é igualmente explorada. Emprego fixo, carreira razoavelmente assegurada, verba apreciável para despesas – como era de praxe na grande imprensa, nas grandes agências de propaganda e nas televisões ao redor do mundo –, nem pensar. Para usar imagens sugestivas, tão do agrado de publicitários, diria que o animado *shopping center* global é sustentado hoje, na sociedade 20 x 80 (que enquadra os próprios quadros funcionais das agências de propaganda e do jornalismo), pelo "turbocapitalismo"... e pelo desemprego. Até quando?

Provavelmente está em curso a formação de um novo caráter social que, embora ainda por longo tempo calcado na economia de mercado (ou não – quem pode prever?), começa hoje a fugir dos profissionais da comunicação publicitária, dos gênios do *métier*.

Ou podemos pressentir a dialética atuando por outros caminhos. (Schumpeter acostumou-nos, há muito tempo, à idéia de que o capitalismo não sucumbirá por causa de seus fracassos, mas sim por seus sucessos.)

Quais as duas mais imediatas ameaças com que a humanidade depara nesse início de século XXI – sendo que qualquer das duas, se tornada realidade, poderá mudar radicalmente a estrutura de nossas sociedades para uma formatação hoje inimaginável?

Primeira, uma catástrofe ecológica mundial. Vou me abster de fornecer dados sobre a possibilidade, pois eles abarrotam nossos veículos de informação. (Os furacões que assolaram os Estados Unidos em 2005 – e a intensidade dos furacões no Golfo do México, na opinião praticamente unânime dos climatologistas, tem aumentado devido ao aquecimento global – mostraram uma América mais vulnerável que a do 11 de setembro.)

Não sabemos sequer o que a poluição nos custa a todos, como sociedade. Em um mundo minuciosamente contabilizado pelo valor monetário de tudo e pelos ditames onipresentes do mercado, quem pode nos informar, por favor, o preço de um galão de ar puro? Ou o da permanência do plâncton nos oceanos, cada vez mais poluídos, que sustenta toda a cadeia alimentar? Ou da disposição de geleiras na Antártida em não se derreter, garantindo-nos com isso o nível atual dos oceanos? (Quatro de cada dez aglomerações com mais de 500 mil habitantes situam-se próximas à costa.)

Note-se que a ideologia de abundância e consumo – exposta, "vendida" e disseminada ao redor do mundo pelo sonho americano – é tão abrangente e vitoriosa que não há nação que hoje não se empenhe, a todo custo, no crescimento e na industrialização, completamente indiferente às previsões científicas de que a Terra jamais suportaria, sem uma hecatombe ecológica, mais uma potência cujo PIB sequer se aproximasse ao do dos Estados Unidos.

Pergunta: em que medida o leitor acha que o sucesso gigantesco do consumismo, nos cinco continentes, provocou e torna cada dia mais viável um cataclismo ecológico planetário?

Segunda ameaça: um espasmo da economia mundial.

No atual contexto da globalização, esse espasmo tornaria a crise de 1929 – que feriu na medula a economia mundial, levou milhões à penúria e facilitou inclusive a ascensão do nazismo – uma alusão a ninharias.

Sem explorar a ameaça "nuclear" dos 5 trilhões de dólares que giram virtualmente pelo mundo, sem qualquer restrição nem controle, nas mãos do exército eletrônico de corretores e mobilizados apenas pelo interesse de lucros imediatos, muito acima dos lucros realistas da produção de qualquer empresa ou país (o que fez que Horst Köhler, então presidente das Caixas Econômicas da Alemanha e hoje presidente da República Federal, comparasse os riscos sistêmicos dos mercados financeiros atuais com os riscos das usinas atômicas[53]), deve-se ver que os Estados Unidos, gestores da moeda-padrão mundial, cujo eventual descarrilamento (não necessariamente repentino nem total) abalaria o cerne de qualquer sociedade na Terra que não vivesse de atividade coletora, consomem hoje 10% a mais do que produzem. E isso é receita de falência para qualquer forma possível de organização, econômica ou biológica, de qualquer tamanho.

Seus déficits astronômicos aumentam continuamente: entre 1990 e 2000, o déficit comercial americano passou de 100 para 450 bilhões de dólares; no momento em que escrevo, meados de 2005, sou informado de que, apenas em fevereiro último, esse déficit chegou a 61 bilhões, o nível mais alto de toda a história econômica dos Estados Unidos, e que tal déficit, para este ano, está projetado para cerca de 760 bilhões de dólares. Já seu irmão gêmeo, o déficit do orçamento, talvez chegue a 460 bilhões, ou seja, 3,6% do PIB do país. O que significa que ambos, somados, cheguem, em 2005, a mais de 1,2 trilhão de dólares. Previsões mais amplas indicam que Tio Sam – consumidor compulsivo, irremediavelmente viciado – acumulará mais de 5,3 trilhões de dólares em déficits nos próximos dez anos[54].

Como é possível que um escoadouro desses, que levaria rapidamente qualquer país, cidade, multinacional, microempresa, família ou vendedor de cocos à bancarrota, possa perpetuar-se alegremente? A resposta está no movimento do capital financeiro que garante o equilíbrio da balança de pagamentos americana. Segundo o artigo "The betrayal of capitalism", publicado em 31 de janeiro de 2002 no prestigioso *New York Review of Books* e republicado no *Le Monde*, os Estados Unidos precisam hoje de 1 bilhão de dólares *por dia* em entradas financeiras para cobrir seu déficit comercial (e manter sua farra de consumo).

Não se sabe até quando essa captação, façanha inédita por parte de qualquer organismo cronicamente deficitário, continuará. Continua porque o próprio crescimento econômico do mundo, a começar pelo da China, depende do déficit americano. E por isso os bancos centrais, principalmente asiáticos, o financiam. Estamos todos reféns uns dos outros, a empurrar dívidas, riscos e prognósticos sombrios com a barriga.

No entanto, como ressalta Emmanuel Todd, "as regras permanecem de pé: se os americanos consomem demais e o fluxo financeiro cessa, o dólar afundará"[55].

Enquanto isso, nos trepidantes rincões da superpotência, sempre iluminada pelos holofotes multicoloridos de um consumo irrefreável, o índice médio de poupança de suas famílias chegou a zero; cerca de 16% dos consumidores que usam cartão de crédito encontram-se tecnicamente insolventes.

Pergunta: em que medida o leitor acha que o consumismo – triunfante, incontestável, expansionista –, levado à potência máxima pela propaganda comercial, está na base de um espasmo da economia, que tantos "pessimistas" prevêem?

Se um dia as agências de propaganda forem historicamente extintas – e claro que o serão –, elas terão, contudo, deixado atrás de si uma história de ecléticas, fascinantes, poderosas e multifacetadas células de comunicação, que, por bem ou por mal, terão co-produzido e retroalimentado, no seu mais profundo âmago, o *pathos* de nossa civilização, de sua cultura de massa, sua inteligência coletiva, suas ilusões e seu declínio – ainda que fossem, tais células, formalmente, relativamente, minúsculas.

Células que sempre achei mereceriam estudos mais amplos e multidisciplinares – embora talvez existam e eu os desconheça.

Células cujo núcleo criativo também sempre achei capaz de oferecer contribuições muito mais relevantes à cultura e à sociedade maior de que faz parte, e exatamente no campo profissional que domina.

Até lá, torço, como já disse, que prevaleçam as opções, a consciência ética e a responsabilidade *individual* de cada um de nós – nos desafiadores, tumultuados e interessantíssimos tempos em que nos foi dado viver.

Rio de Janeiro, 21 de novembro de 2005.

REFERÊNCIAS BIBLIOGRÁFICAS: 1 – Harrington, Michael, *A revolução tecnológica e a decadência contemporânea*, Civilização Brasileira, Rio de Janeiro, 1967; 2 – Ogilvy, David, *Confissões de um homem de propaganda*, Laudes, Rio de Janeiro, 1970; 3 – Toscani, Oliviero, *A publicidade é um cadáver que nos sorri*, Ediouro, Rio de Janeiro, 2002; 4 – Quesnel, Louis, *Os mitos da publicidade*, Vozes, Rio de Janeiro, 1974; 5 – Eco, Umberto, *Apocalípticos e integrados*, Perspectiva, São Paulo, 1970; 6 – *Finantial Times*, 30 abr. 1966; 7 – McLuhan, Marshall, *Os meios de comunicação como extensão do homem*, Cultrix, São Paulo, 1964; 8 – Russell, Bertrand, *A perspectiva científica*, Cia. Editora Nacional, São Paulo, 1977; 9 – Marcuse, Herbert, *Ideologia da sociedade industrial*, Zahar, Rio de Janeiro, 1967; 10 – Menna Barreto, Roberto, *Análise transacional da propaganda*, Summus, São Paulo, 1981; 11 – Brown, J. A. C., *Técnicas de persuasão*, Zahar, Rio de Janeiro, 1971. 12 – Packard, Vance, *Nova técnica de convencer*, Ibrasa, São Paulo, 1980; 13 – Félice, Philippe. de, *Foules en delire, extases collectives*, Albin Michel, Paris, 1947; 14 – Monnerot, Jules, *Sociologie du* *communisme*, Gallimard, Paris, 1949; 15 – Gide, André, *De volta da URSS*, Vecchi, Rio de Janeiro, 1937; 16 – Driencourt, Jacques, *La propagande, nouvelle force politique*, Armand Colin, Paris, 1950; 17 – Fest, Joachim, *The face of the Third Reich*, Da Capo Press, Nova York, 1970; 18 – Zitelmann, Rainer, *Adolf Hitler*, Göttingen, 1987. 19 – Mannheim, Karl, *Diagnóstico de nosso tempo*, Zahar, Rio de Janeiro, 1967; 20 – Oldenbourg, Zoé, *As Cruzadas*, Civilização Brasileira, Rio de Janeiro, 1968; 21 – Hanley, Wayne, *The genesis of Napoleonic propaganda*, Columbia University Press, 2002; 22 – Dufraisse, Roger, *Napoleão*, Jorge Zahar, Rio de Janeiro, 1969; 23 – "Die Marke Hitler", in *Der Spiegel*, 14 fev. 2005; 24 – Steigmann-Gall, Richard, *O Santo Reich*, Imago, Rio de Janeiro, 2004; 25 – Corwell, John, *O papa de Hitler*, Imago, Rio de Janeiro, 2000; 26 – Steigmann-Gall, Richard, *op. cit.*; 27 – Speer, Albert, *Por dentro do Terceiro Reich*, Artenova, Rio de Janeiro, 1971; 28 – Steigmann-Gall, Richard, *op. cit.*; 29 – Todd, Emmanuel, *A ilusão econômica*, Bertrand Brasil, Rio de Janeiro, 1999; 30 – Fromm, Erich, *Meu encontro com Marx e Freud*, Zahar, Rio de Janeiro, 1969; 31 – Fromm, Erich, *Psicanálise da sociedade contemporânea*, Zahar, Rio de Janeiro, 1976; 32 – Freyer, Hans, *Teoria da época atual*, Zahar, Rio de Janeiro, 1965; 33 – Lukacs, John. *O Hitler da história*, Jorge Zahar, Rio de Janeiro, 1998; 34 – Boulding, Kenneth, *The meaning of the twentieth century*, Harper & Row, Nova York, 1964; 35 – Orwell, George, *1984*, Cia. Editora Nacional, São Paulo, 1975; 36 – Huxley, Aldous, *Admirável mundo novo*, Distribuidora Nacional de Livros, Rio de Janeiro, 1966; 37 – Huxley, Aldous, *Regresso ao admirável mundo novo*, Editora Livros do Brasil, Lisboa, s/d; 38 – Zeman, Z. A. B., *Nazi Propaganda*, Oxford University Press, Londres/Nova York, 1973; 39 – Hobsbawm, Eric, *Tempos interessantes*, Companhia das Letras, São Paulo, 2002; 40 – Packard, Vance, *A nova técnica de convencer*, Ibrasa, São Paulo, 1965; 41 – Wallerstein, Immanuel, *O declínio do poder americano*, Contraponto, Rio de Janeiro, 2004; 42 – Barber, Benjamin R., *Jihad vs. McWorld*, Ballantine Books, Nova York, 1995; 43 – Herman, Edward S. e Chomsky, Noam, *A manipulação do público*, Futura, São Paulo, 2003; 44 – Barnet, Richard J., *Global reach: the power of multinational corporations*, Simon & Schuster, Nova York, 1974; 45 – Ibidem; 46 – Riesman, David, *A multidão solitária*, Ibrasa, São Paulo, 1971; 47 – Packard, Vance, *op. cit.*; 48 – Fromm, Erich, *Ter ou ser?*, Zahar, Rio de Janeiro, 1979. 49 – Furtado, Celso, *Criatividade e dependência na civilização industrial*, Paz e Terra, Rio de Janeiro, 1978; 50 – Barnet, Richard J., *op. cit.*; 51 – Ogilvy, David, *op. cit.*; 52 – Forrester, Viviane, *O horror econômico*, Editora da Unesp, São Paulo, 1997; 53 – Martin, Hans-Peter e Schumann, Harald, *A armadilha da globalização*, Globo, São Paulo, 1998; 54 – *CartaCapital*, 27 abr. 2005; 55 – Todd, Emmanuel, *Depois do Império*, Record, Rio de Janeiro, 1998.

------------- dobre aqui -------------

CARTA-RESPOSTA
NÃO É NECESSÁRIO SELAR

O SELO SERÁ PAGO POR

AC AVENIDA DUQUE DE CAXIAS
01214-999 São Paulo/SP

------------- dobre aqui -------------

AGÊNCIA DE PROPAGANDA E AS ENGRENAGENS DA HISTÓRIA

CADASTRO PARA MALA-DIRETA

Recorte ou reproduza esta ficha de cadastro, envie completamente preenchida por correio ou fax, e receba informações atualizadas sobre nossos livros.

Nome: _____ Empresa: _____
Endereço: ☐ Res. ☐ Coml. _____ Bairro: _____
CEP: _____ - _____ Cidade: _____ Estado: _____ Tel.: ( ) _____
Fax: ( ) _____ E-mail: _____
Profissão: _____ Professor? ☐ Sim ☐ Não Disciplina: _____ Data de nascimento: _____
Grupo étnico principal: _____

1. Você compra livros:
☐ Livrarias ☐ Feiras
☐ Telefone ☐ Correios
☐ Internet ☐ Outros. Especificar: _____

2. Onde você comprou este livro? _____

3. Você busca informações para adquirir livros:
☐ Jornais ☐ Amigos
☐ Revistas ☐ Internet
☐ Professores ☐ Outros. Especificar: _____

4. Áreas de interesse:
☐ Auto-ajuda ☐ Espiritualidade
☐ Ciências Sociais ☐ Literatura
☐ Comportamento ☐ Obras de referência
☐ Educação ☐ Temas africanos

5. Nestas áreas, alguma sugestão para novos títulos?
_____

6. Gostaria de receber o catálogo da editora? ☐ Sim ☐ Não

Indique um amigo que gostaria de receber a nossa mala-direta

Nome: _____ Empresa: _____
Endereço: ☐ Res. ☐ Coml. _____ Bairro: _____
CEP: _____ - _____ Cidade: _____ Estado: _____ Tel.: ( ) _____
Fax: ( ) _____ E-mail: _____
Profissão: _____ Professor? ☐ Sim ☐ Não Disciplina: _____ Data de nascimento: _____

Summus Editorial
Rua Itapicuru, 613 7° andar 05006-000 São Paulo - SP Brasil Tel.: (11) 3872-3322 Fax: (11) 3872-7476
Internet: http://www.summus.com.br e-mail: summus@summus.com.br

cole aqui